これからの
経営戦略と働き方

ダイバーシティ&インクルージョン経営

荒金 雅子 著

日本規格協会

はじめに

　ダイバーシティという言葉は、すっかり社会に定着してきました。当初、女性活躍推進ばかりが注目を集めていましたが、近年では、ＬＧＢＴや障害者、外国人、高齢者などの属性だけでなく、ライフスタイルやキャリア志向、働き方など様々な多様性への取組みが進んでいます。多様性への理解が大きく前進する一方で、時には対立や衝突、分断の火種となり、より複雑な問題につながることも増えてきました。しかし、望む成果を手に入れるためには、多様性がもたらす混沌や不安定な状態にしっかりと向き合い、それを乗り越えることが不可欠です。

　ダイバーシティ経営がなぜ、うまくいかないのか。筆者は、多くの企業が、「インクルージョン」の重要性を認識していないからだと考えています。東京大学特任教授の湯浅誠氏は、インクルージョンについて次のように述べています。

　『多様性を認め合っている状態というのは、実はつながりにくい。放っておくと分断と細分化を招きます。実際に世界や日本社会では、そういうことが起きています。

それを象徴する要素が三つあると思っています。みんな違っていいけれど、「付き合えない」という「敬遠」、「そっとしておこう」という「遠慮」、そして主にネットの世界で見られる「攻撃」です。こうしたことを克服するには、「インクルージョン」が大事だと思います。日本語に訳しにくい言葉ですが、私は「配慮」という言葉を当てています。（中略）インクルージョンとは、多様な人たちとつながろうという意思を持ち、そのつながり方を積み重ねていくことです。対話し、配慮し合う体験と芽は誰にでもあります。これからの時代、その芽を育てて広げていくことが、私たちが取り組むべき課題だと思います。』

『朝日教育会議』（2019・12・29）

「インクルージョン」は、多様性を活かし組織の力にしていくためのキーワードであり、多様性からイノベーションや新しい価値を生み出すためのカギとなるものです。

本書では、ダイバーシティ経営の次の一歩となる、「ダイバーシティ&インクルージョン経営」についてお伝えするとともに、迷走するダイバーシティ推進企業が抱えるシステムや構造に潜む問題を明らかにし、解決のために取り組むべき方策を紹介します。また、エクスクルーシブ（排他的）な組織から、インクルーシブ（受容的）な組織へ転換するために、テーマや属性ごとに留意したいポイントを説明します。

本書が、これからダイバーシティ推進に取り組みたいと考えている方々や、さらに取組みを加速し、ダイバーシティ&インクルージョン経営を成果につなげたいと願う方々にとって、前進していくための助けとなれば幸いです。

２０２０年２月

荒金　雅子

目次

第5章　アンコンシャス・バイアスに対処する

第6章　インクルージョンから始めよう

◆第1章　ダイバーシティ経営は成功しているのか

1・1　ダイバーシティに取り組む企業は増えている

　ダイバーシティ経営とは「人の多様性を受け入れ、活かすことで、組織の成長や活性化、企業価値の向上を図ること」を指しています。日本のダイバーシティ経営は、これまで、女性や外国人、障害者、ＬＧＢＴ（性的マイノリティ）、育児・介護中の社員など、組織の中のマイノリティに焦点を当てることが多く、働きやすさや、働きがいを提供する施策を中心に進められてきました。

　大企業中心に進んできた活動は、近年は中小企業にも広がっています。『東洋経済ＣＳＲデータｅＢｏｏｋ ２０１８ダイバーシティ推進編』（東洋経済新報社）のデータ掲載企業は１４１３社、厚生労働省の女性活躍推進企業データベースでは、データ公表企業１万１４６８社、行動計画公表企業は１万４２６７社に上ります。一方で、公表された取組み内容を詳細に見ていくと、経営戦略として取り組んでいるとは言えない現実が浮かび上がってきます。目的や理念が不明瞭であったり、数値目標や期限の明記がないところも多く、掲載されている数字も期待するようなものではありません。

　「他社がやっているからとりあえずうちも」とか、「制度をつくっただけ、方針を掲げただけ」といった「とりあえずダイバーシティ」の企業も多いようです。また、推進企業の中には、「やれる施策は全部やったつもりだが、効果が見えない」「ダイバーシティが、かえってコスト増・対立を生んでいる」という「ダイバーシティ疲れ」という問題を抱えるところもあります。制度や施策の充実を進める一方、望む変化や成果を手に入れていない企業が多く見受けられます。

経済産業省は２０１８年に「ダイバーシティ２・０」を取りまとめました。ダイバーシティ経営を「競争戦略」と位置付け、その推進を強化することを求めています。労働力不足やグローバル化への対応、日本型雇用慣行の破綻、世代間格差など、様々な問題が顕在化する中、ダイバーシティ経営に本気で取り組むことは、待ったなしの緊急課題となっています。

1・2　迷走するダイバーシティ推進企業の共通点

様々な取組みをしているにもかかわらず、望む成果につながっていない、と考える企業は多いようです。そのような組織には、三つの共通点があります。一つめは、組織の中に属性によるフォルトライン（断層）があり、多様性が対立や分断、不満の要因となっていることです。二つめは、経営トップの本気度と当事者意識が薄く、口先だけの建前的なダイバーシティ推進になってしまっていることです。そして三つめは、目的、目標、方針が曖昧なため、いくらやっても効果が出ない、ということです。何のために、何を目指し、何を行い、どのように進めるのか、そのことが明確でない状態では、迷走してしまうのも無理はありません。それぞれの要因を、詳しく見ていくことにします。

1・2・1　ダイバーシティは組織を分断する

ダイバーシティ推進には、常に「マイノリティばかりを支援することは逆差別だ」「社内の対立を生む」「本当に効果があるのか」といった批判や否定的な意見が根強くあります。また、経営学においては、組織のパフォーマンスにダイバーシティが寄与するのかという長年の論争があり、「多様性（ダイバーシティ）が組織の成長を阻害する」という研究もあります。

多様性が組織の成長を阻む原因の一つに「フォルトライン（組織の断層）理論」があげられます。フォルトライン理論は、１９９８年に、ブリティッシュ・コロンビア大学のドラ・ロウ氏とノースウェスタン大学のキース・マーニガン氏が提唱し、近年ダイバーシティ・マネジメントにおいて注目を集めている理論です。フォルトライン理論は、性別、人種、年齢、経験、専門性など、一人が持つ複数次元の属性に注目します。一つのグループに性別や人種、年齢といった共通する属性があるとき、その属性ごとにサブグループをつくってしまい、それぞれのサブグループがお互いの境界線（フォルトライン）を生み出し、組織を分断してしまう危険性がある、というものです。フォルトラインがある状態では、ダイバーシティによる成果を望むことはできません。

日本企業の多くが当初、取り組んできたダイバーシティ推進は、「女性のみ」に焦点を当てたものでした。男女という属性が強調されたことで、それに不満や逆差別意識を持つ人が出てきたり、対立や衝突の要因となり、フォルトライン（断層）が生まれてしまったのではないでしょうか。

1・2・2　経営トップの当事者意識が薄い

ダイバーシティ経営は、これまでの組織のあり方や仕組み、考え方を大きく変える変革的な取組みです。経営陣の強力なリーダーシップ、コミットメントがなければ成功することは不可能です。しかし、未だにダイバーシティの重要性について認識の薄い、あるいは関心のない経営トップ・役員が多くいます。日本企業の役員の圧倒的多数は、中高年の日本人男性であり、長年一つの組織で働いてきた人たちです。同質性、均質性が非常に高く、そもそも役員会に多様性がないという状況の中で、ダイバーシティ推進にアンテナが立ちにくく、その意義を理解していない役員がいるのは事実でしょう。この時代にさすがに声高に反対することはないでしょうが、どうしても他人事となってしまいます。ダイバーシティを、リスクやコストとして捉え「最低限の施策をやっておけばいい」と消極的な関わり方をしたり、「ダイバーシティ推進室やプロジェクトチームをつくり、そこに任せればよい」「ダイバーシティ推進は自分の役割ではない」と考えているのです。

経営トップに、どう危機感を覚えてもらうか、本気で取り組んでもらうか、悩んでいるダイバーシティ推進担当者は少なくありません。

1・2・3　目的、目標、方針が曖昧である

当事者意識が低いトップがいるダイバーシティ推進企業で起きがちな現象は、担当者への丸投げです。本来、ダイバーシティ推進は組織全体の現状や課題を十分に理解し、目的や目標、方針を明確にした上で行うことが重要です。しかし、トップのコミットメントや関心が不足した状態で、「ダイバーシティ施策を推進せよ」と指示を出しても、担当者は何から手を付ければいいのかわかりません。専任部署がなく、専従メンバーもいない、従来業務に兼任としてアサインされた担当者が一名のみ、といった状態では、本気で取り組んでいるとはとても考えられません。結果として、育休・産休・介護休業など制度中心の施策になったり、他社の施策をまね、同じようなメニューを並べ、何となくやっている風を装うというこ

とが起こります。

各拠点やそこで働く多様な社員の意見を、十分反映しないままにつくられた施策は、上から降りてきた、やらされ感満載の施策となってしまいます。実際に、職場の状況を考えずに、一方的に次々と施策を押し付けられて、不満を持ったり、何のためにやっているのかよくわからないという徒労感を感じている現場の話もよく聞きます。方針やゴールイメージが不明確なままにつくられた施策が、機能しないのは明らかです。また、評価軸が曖昧な状態では、施策の達成度合いを測ることはできません。

結果として、ダイバーシティ推進は「評価されない仕事」「形だけの業務」とみなされ、意識や行動が追いつかず、組織の「ダイバーシティ疲れ」を引き起こしてしまうのです。

1.3　あなたの組織にダイバーシティは必要か

1.3.1　ダイバーシティ（多様性）に取り組む意義

ダイバーシティ推進が停滞する組織がある一方で、ダイバーシティ戦略を経営の中心に置き、成果を上げている企業も多数存在します。ダイバーシティ推進を組織の力に変えている企業の業種・業界・企業規模は様々ですが、そこには共通する理念があります。例えば次のような表現です。

ダイバーシティ&インクルージョンが私たちの未来を開きます。
ダイバーシティはイノベーションの源泉であり、日立の成長エンジンです。性別・国籍・人種・宗教・バックグラウンド・年齢・性的指向といった違いを「その人がもつ個性」と捉え、それぞれの個性を尊重し、組織の強みとなるよう生かすことで、個人と組織の持続的成長につなげることが日立のダイバーシティ&インクルージョンです。

（日立グループ）

「D&I」推進により、社員一人ひとりの多様な視点や発想を日々の業務推進や意思決定に積極的に取り入れることで、環境変化が激しく、競争の厳しい金融業界において、革新性溢れる金融商品の開発、サービスの提供や業務プロセスの改革を不断に実行し、新たな企業価値を創造していくことを目指します。

（みずほフィナンシャルグループ）

Diversity & Inclusion in Takeda

多様な従業員が活躍できる環境を創り出すD&Iは経営戦略のひとつです。私たちは性別、年齢、障がい、国籍、人種、性的指向・性自認、宗教、経験、信条、価値観、ライフスタイルなどの多様性を受け入れ、個人として、組織として成長していきます。

個性や才能の違いを活かされ、一人ひとりが自信を持って最大限に能力を発揮できる組織を実現します。

プロフェッショナルとしての充実に加え、それぞれのライフイベントはもちろん、趣向やライフスタイルが尊重される、働きがいのある職場を創ります。（武田薬品）

多様性なくしてカルビーの成長はありません。

カルビーグループでは、「女性の活躍なしにカルビーの成長はない」という信念の下、ダイバーシティの最優先課題として従業員の約半数を占める女性の活躍推進に注力してきました。女性の活躍推進のみならず、障がい者雇用の促進、外国人の活躍推進、LGBTの支援等の属性の多様性の理解促進と、従業員一人ひとりの個の多様性を活かし、全員が活躍する組織づくり、風土づくりを行っていきます。ダイバーシティ推進を通じて、多様な個人が自分らしく能力を発揮し、組織や会社の成果を生みだすグローバ

ル水準でのダイバーシティ経営を目指しています。（カルビー）

「ダイバーシティはイノベーションの源泉」「個性を尊重し組織の強みにする」「革新性あふれる商品開発」「多様性は成長の源泉。組織や会社の成果を生み出すために」――どれも力強いメッセージが込められています。

ここ数年、ビジネスの現場において「ＶＵＣＡ（ブーカ）時代」という言葉がキーワードとなっています。ＶＵＣＡとは、「Volatility」（変動性）、「Uncertainty」（不確実性）、「Complexity」（複雑性）、「Ambiguity」（曖昧性）の頭文字を指しています。変化のスピードが速く、あらゆるものを取り巻く環境が複雑になり、想定を越えた事象が発生し、将来の予測が困難な状態を意味しています。政治、経済、社会、環境など、多くの分野で十年前には想像もつかなかった変化が起こっています。私たちの社会を見渡すと、もはや無視することができないほど多様性があふれています。誰もが様々な人と文化、知識と瞬時につながることのできる時代――世界はより狭く、より近くなっています。人々の価値観やライフスタイルも多様化し、時間や空間、関係性にしばられることなく仕事ができる時代となり、組織や企業と個人の関係も劇的に変化し始めています。

ダイバーシティはマジョリティ（多数派）とマイノリティ（少数派）の問題として語られ

ることが多くありましたが、変化の激しい時代には、誰もがマイノリティになる可能性があります。ダイバーシティは「誰か」の問題ではなく、誰もが当事者になり得る「あなた」の問題でもあるのです。

ダイバーシティ経営に取り組む意義は、このＶＵＣＡの時代に変化を先取りし、自ら変化し続ける柔軟な組織をつくることにあります。変化を後追いしたり、変化に適応するという発想ではなく、組織で働く一人ひとりがそれぞれの強みを活かし、その人なりに組織に貢献し、新しい価値を生み出すこと。その新しい価値を原動力に、組織が持続的に成長し続けるために、ダイバーシティ経営はあるのです。

１・３・２　組織にとって意味のあるダイバーシティとは何か

（１）　組織のパフォーマンスを高めるダイバーシティ

ダイバーシティを組織の力に変えるためには、ダイバーシティの種類を知り、その違いと扱い方について正しく理解することが重要です。人材多様性（ダイバーシティ）は大きく三種類に分類されます。

（ａ）　デモグラフィ型人材多様性

デモグラフィ型人材多様性は、性別、国籍、年齢など「目に見える属性」、人口統計的な属性に関する多様性を言います。

前述した多様性によるフォルトライン（断層）を生みやすいのは、デモグラフィ型の人材多様性です。属性に焦点を当てた施策は、組織内に「同質性の高いイングループ」とそのグループに入れない「アウトグループ」を生み出し、分断を招くことがあります。結果として組織内グループの軋轢が高まり、組織全体のコミュニケーションの低下やパフォーマンスの停滞につながっていくのです。研究によると、デモグラフィ型人材多様性は、組織パフォーマンスにマイナスの効果をもたらす場合もあるとされています。

これまで企業のダイバーシティ施策の多くは、女性や外国人、障害者といった属性にフォーカスしたデモグラフィ型人材多様性の施策が一般的でした。ダイバーシティ推進が必ずしも成果につながっていないとしたら、デモグラフィ型人材多様性にのみ目を向け、それ以外の要素について意識をしてこなかったことも、一因として考えられます。

（b） タスク型人材多様性

タスク型人材多様性は、実際の業務に必要な能力や経験の多様性を意味します。パフォーマンスにマイナスの影響を与え得るデモグラフィ型に対し、タスク型は、組織パフォーマンスにプラスの効果をもたらすことが明らかとなっています。

タスク型人材多様性は、企業に不可欠な「知の多様性」が期待でき、組織が新しいアイデア、知のシナジーを生み出すことに貢献します。ダイバーシティによる経営パフォーマンスへの過小評価は、「タスク型人材多様性」の重要性を見落としているからだと言えるでしょう。失敗しないダイバーシティ経営において重要なことは、この「タスク型人材多様性」を意識した施策を行うことにあります。

（c）　サイコグラフィ型人材多様性

長年ダイバーシティ推進に取り組んできた筆者は、実践者の立場からサイコグラフィ型人材多様性を加えたいと考えます。

サイコグラフィ型人材多様性とは、性格や価値観、職業観、キャリア志向など心理的属性を指します。かつては「働く夫、専業主婦の妻、二人の子ども」という、いわゆる標準世帯が多数派でしたが、１９９０年代後半に逆転現象が起き、近年は共働き世帯が多数を占めるようになりました。当然、女性・男性の意識や生活スタイルも大きく変化しています。育児休業や介護休業を取得したり、家族や生活を重視し、異動や転勤を拒否する男性も増えています。育児休業期間や短時間勤務期間を短縮してフルタイムに復帰したり、夫や子どもを残して転勤する女性も珍しくない時代となりました。女性・男性と属性でひとくくりにできないほど、価値観やキャリア観が多様化しています。ダイバーシティ施策を検討する際に、思い込みや決めつけを持ってしまうと、現状と乖離した施策になりかねません。

カーネギーメロン大学のデニス・ルソー氏は、ダイバーシティ・マネジメントのあり方として「I-deals（個別配慮）」という考え方を提唱しています。社員の個々の事情に配慮し、特別扱いすることなく、個人と組織にとって理想的な状態をつくり出す考え方を言います。心理的属性に配慮してもらうことで、組織と個人の間に「心理的契約」が生まれ、貢献意欲や成果へのコミットメントにつながるのです。サイコグラフィ型人材多様性は、個々の事情や心理的属性に配慮しながら、成果につなげていくための施策を考える上で、ますます重要となるのではないでしょうか。

（2）デモグラフィ型人材多様性は組織の断絶を生むだけか

デモグラフィ型人材多様性が、組織のパフォーマンスにマイナスの影響を与え、企業にとって、リスクやコストとなるならば、「これ以上施策を行わなくてもよい」「組織のパフォーマンスにプラスの影響を与えるタスク型人材多様性のみを追求したい」と考える企業があってもおかしくないでしょう。しかし、タスク型人材多様性のみに取り組むことで、どのような弊害が起こり得るのか、その点には注意が必要です。詳しくは第4章に後述しますが、近年IT業界を中心に、タスク型人材多様性への偏重が、マイノリティへの不平等なシステムを生み出す恐れがある、という批判が高まっています。

デモグラフィ型人材多様性の欠如は、短期的な成果につながるかもしれませんが、社会のありようを反映した姿からはほど遠いものになりかねません。加えて、既に日本企業は「新卒・正社員・男性・日本人」という人材モデルでは成り立たない状況に来ています。少子高齢社会となった今日では、男性の正社員であっても、育児や介護の中心的役割を担うケースも増えています。自らの時間を最大限仕事に捧げることができる、「ケアレス・マン」を前提とした社員像は非現実的です。女性も高齢者も外国人も非正規社員も、様々な制約を持った人も含めた多様な人材の力を活かさなければ、企業の持続的成長は望めないのではないでしょうか。

（３）ダイバーシティはコストに見合わないか

ダイバーシティ推進が企業の命運を左右する状況においてもなお、「ダイバーシティは経済合理性に見合わない」という声はなくなりません。経済合理性とは、一般的に「投資に対して、利益（リターン）がある状態」であり、事業継続における判断基準の一つです。

同志社大学教授の川口章氏は『ジェンダー経済格差』（勁草書房）の中で、『離職率の高い女性を差別するのが企業にとって合理的であるからこそ、わが国にはそのような企業が多いのである。』と述べています。女性に投資をしたり活躍推進することは、経済合理性に反する、という考え方は根強くあるようです。

一方で、経済合理性について、同志社大学大学院ビジネス研究科教授の浜矩子氏は、次のような指摘をしています。

『経済合理的であるということは、人間のためになり、人間を幸せに出来るということを意味している。（中略）経済合理性にかなうということは、とりもなおさず、多少とも人間を傷つけることは絶対にないということに通じる。そのように考えるのが、思考の正しい筋道だと思います。経済合理性にかなうということと、人権尊重は全く矛盾しません。むしろ、その逆です。人権を尊重しない行動に、経済合理性はありません。』

（出所 https://imidas.jp/kaleidoscope/?article_id=a-52-052-15-04-g356 情報・知識&オピニオン imidas サイト『経済合理性論の不合理を正そう』）

ダイバーシティ推進を、経済的側面で見ることは非常に重要です。しかし、組織の利益や費用対効果を、長期的視点で捉えてみるとどうでしょうか。特に近年、投資行動において財務的な指標のみならず、従業員満足度や顧客満足度、社会や環境への貢献という非財務指標が重要視されるようになっています。短絡的に利益につながらないとか、コスト増だとして敬遠することは、結果として、よりマイナスの影響をもたらすことになりかねません。

働く人の多様性を理解し、尊重し、活かすことは、決して個人のわがままを許すとか、好き勝手に働くということではありません。組織の中のマイノリティを支援する、誰もが安心して働ける組織をつくることは、投資に見合った利益を得るためにこそ行うものです。ダイバーシティの目的・目標を共有し、同じ理念に基づき、それぞれの価値を持続的に最大化することが重要なのです。

1・4　ダイバーシティから成果を生み出す処方箋

ダイバーシティ経営は、単純に、女性だけ、外国人だけ、障害者だけといった属性ごとの施策を行っても成果にはつながりません。そこには、しっかりとした経営戦略が必要となります。まず最初の段階で、次の三つの視点を持って取り組むことが重要です。

1・4・1　組織の現在地を確認する

「企業の成長ステージによって、企業がダイバーシティを求めるか否かを見極めることが重要」と主張するのは早稲田大学ビジネススクール准教授の入山章栄氏です。

入山氏は、企業の成長には三つのステージがあると言います。スタートアップの組織・ビジネスは多様な考え方により変化を生みやすい状態にあります。バリエーションのステージです。変化を起こすために多様性は歓迎されます。成長が進むと、特定のやり方を選択（セレクション）するようになり、さらに組織が成長すると選ばれたルールを遵守（リテンション）することを重視するようになります。セレクションとリテンションのステージでは、同質な人材で効率良くビジネスを進めようとする力が働きます。多様性はコスト増や利益を減少させるものとして抵抗したり、防衛的になり、個人の能力や適性を無視したり同化しようとします。そして、その力が強まると環境変化に対応できなくなり、再びバリエーションが必要となります。多様性を競争優位に活かそうと戦略的に取り組むようになります。

あなたの組織はどのような状況でしょうか。やみくもにダイバーシティ施策に取り組むのではなく、まず自組織の置かれた状況を見極めた上で、どのような状態にしたいのか、目的を明確にしなければなりません。

現在は、様々な企業がダイバーシティ経営への取組みを情報公開しています。これから実践する企業にとっては、豊富な施策例や成功企業の事例に容易にアクセスしやすい状況です。多くの企業が実践している模範解答のような施策に基づきメニューをつくれば、それなりのプランが完成します。けれど、自組織の状況や課題を十分把握しないままにつくった画一的なプランでは、成果につなげることは難しいでしょう。まずは、自組織の課題を把握し、適切なプランを作成することが必要です。現状を把握し組織診断を行う、幾つかのツールがあるので紹介しましょう。

経済産業省では、主に女性活躍推進を念頭に、中小企業向けの「ダイバーシティ経営診断ツール」を策定しています。これは、企業における人材マネジメントに関する現状を把握し「ダイバーシティ経営」の実践に向けて、今後必要な取組みを見える化し、その取組みを促進することを目的としています。自組織の人材や経営の状況について、課題を共有・評価し、戦略を策定するツールとして活用することもできます。

ダイバーシティコンサルティング会社で、３０年近く「国際女性ビジネス会議」を主催しているイー・ウーマンの佐々木かをり氏は、女性管理職比率など数値化だけではダイバーシティの本質は測れないという問題意識から、ＥＳＧ投資の指標としても役立つように、組織のダイバーシティ推進度を数値化する「ダイバーシティインデックス」を開発しました。これは、企業と働き手の意識ギャップや、働き手一人ひとりのダイバーシティに関する知識や意識を数値化し、さらに継続的に企業業績などとの関係性を可視化し、経営者に直接報告して議論する、というものです。日本で初めての本格的なダイバーシティ組織診断ツールとして、話題を呼んでいます。筆者は、専門委員として知識問題の監修に関わりましたが、ＨＲＭ（人的資源管理）だけではなく、ＯＢ（組織行動学）にも着目し、理解、認知、行動に移していくためのステップを分析し、明確化した内容は、現在ダイバーシティに取り組んでいる企業だけではなく、これからスタートする企業にとっても有益なものだと感じています。

1・4・2　多様なダイバーシティを組み合わせて活用する

（1）　複次的次元のダイバーシティを取り入れる

一口にダイバーシティといっても、デモグラフィ型、タスク型、サイコグラフィ型など、様々な種類があることは前述したとおりです。自組織の状況に合わせて多様性を組み合わせ、それを活かすカギを握るのは、「業績」と「健全性」という考え方です。業績の軸は組織の競争性や効率性に、健全性の軸は社会性や公共性に関わります。

タスク型人材多様性は、業績を伸ばすためには不可欠ですが、タスク型を重視しすぎると、成果にこだわり、競争性や効率性ばかりを追い求めることになりかねません。一時的には高い成果を出すかもしれませんが、持続的な成長という視点からは疑問が残ります。デモグラフィ型人材多様性やサイコグラフィ型人材多様性は、それぞれの抱える特徴や課題があり、その多様性を力に変えるためには、コミュニケーションコストや時間がかかることがあります。

一方で、これらに注力することは、健全性の軸を伸ばすことになります。健全性は売上げに直結する要素ではありませんが、社員の心理的安全性や、組織の社会的責任、コンプライアンス遵守などの、コーポレートガバナンスを司どる大事な価値観です。健全性に関わるダイバーシティは、組織の構成員の社会性や人間性を高め、共感や信頼という強いコミットメントにつながる力を醸成します。

（２）フォルトラインを乗り越える

組織内のフォルトライン（断層）を解消するための方策は、複数の研究で明らかになっています。「デモグラフィが複数次元に渡って多様であれば、組織内の軋轢はむしろ減り、組織パフォーマンスは高まる」のです。具体的には、性別だけでなく年齢、国籍、経験など複数の属性に配慮した構成にすると、それぞれの境界線が曖昧になり、同質性の高いグループはできにくく、コミュニケーションが活発でスムーズになります。

組織のダイバーシティ経営を成功させるためには、女性活躍や外国人登用といったデモグラフィ型ダイバーシティ（属性の多様性）だけに注力せず、能力や経験を重視したタスク型ダイバーシティ（知の多様性）や、性格や価値観、キャリア意識などのサイコグラフィ型ダイバーシティ（心理的属性の多様性）にも留意することが成功の秘訣です。つまり、組織内の複数次元の多様性を推し進めることで、フォルトライン（断層）は乗り越えられるのです。

（３）ガイドラインをつくり、見える化する

何をもって「ダイバーシティ経営が成功している」とみるか、その定義は難しいところです。イノベーションが起きたか、業績や利益が上がったかなど、成長指標との直接的な因果関係を見いだすのは実際のところ困難です。また、「取締役に外国人や女性が増えた」「障害者雇用が法定雇用率を上回った」「離職率が減少した」など、数字の変化は重要ですが、それだけでも不十分です。

筆者は、目的やゴールが社員に共有され、すべての社員がダイバーシティ推進を肯定的に受け止め、組織内にポジティブなストーリーが生まれている状態、をイメージしています。

「法律があるから制度を整える」「とりあえず数値目標と期限をつくり、それをクリアする」ことに取り組んでいる企業は、手段が目的になっていないでしょうか。なぜ必要か、何のためにするのか、どのような状態をつくり出したいのか、それは自組織にどんな成果をもたらすのか、という点を最初にしっかりと議論し、共有することが重要です。目指す姿をクリアにし、そのための方針（ガイドライン）をつくることで、何をするのか、どのようにするか、具体的な施策が明確になってきます。

経済産業省が提唱する『ダイバーシティ2・0 行動ガイドライン』では、実践のための七つのアクションを紹介しています。大事なことは、なぜこれらのアクションが必要なのか、経営陣はもちろん推進担当者や管理職が、自分の言葉で話せるように、しっかりと理解し実践することです。

ダイバーシティ2・0 行動ガイドライン　実践のための七つのアクション

①　**経営戦略への組み込み**
経営トップが、ダイバーシティが経営戦略に不可欠であること（ダイバーシティ・ポリシー）を明確にし、ＫＰＩ・ロードマップを策定するとともに、自らの責任で取組をリードする。

②　**推進体制の構築**
ダイバーシティの取組みを全社的・継続的に進めるために、推進体制を構築し、経営トップが実行に責任を持つ。

③　**ガバナンスの改革**
構成員のジェンダーや国際性の面を含む多様性の確保により取締役会の監督機能を高め、取締役会がダイバーシティ経営の取組を適切に監督する。

④　**全社的な環境・ルールの整備**
属性にかかわらず活躍できる人事制度の見直し、働き方改革を実行する。

⑤　**管理職の行動・意識改革**
従業員の多様性を活かせるマネージャーを育成する。

⑥　**従業員の行動・意識改革**

多様なキャリアパスを構築し、従業員一人ひとりが自律的に行動できるよう、キャリアオーナーシップを育成する。

⑦ **労働市場・資本市場への情報開示と対話**

一貫した人材戦略を策定・実行し、その内容・成果を効果的に労働市場に発信する。

投資家に対して企業価値向上に繋がるダイバーシティの方針・取組みを適切な媒体を通じ積極的に発信し、対話を行う。

1・4・3　ダイバーシティはプロセスだと理解する

現状を把握し、ガイドラインや目標を定める。適切なダイバーシティ施策を実行する。それは、ダイバーシティ経営の始まりでしかありません。ダイバーシティ推進企業の中には、5年やったからいいだろう、と取組みをやめてしまったり、様々な施策を実施したけれど、次に何をすればよいのかわからなくなっていたり、ダイバーシティ専任部署を解散し、各部門に機能を分散した企業もあります。しかし、そうした企業におけるダイバーシティの恩恵は限定的になりがちです。なぜなら、ダイバーシティ経営は目的ではなく、プロセスそのものなのです。社会の変化とともに組織の多様性も常に変化し、複雑性を増していきます。取組みをやめたとたんに、混乱したり以前の状態に逆戻りしてしまうこともあります。多様性がある限り、ダイバーシティ経営に終わりはないのです。

これからのダイバーシティ経営は「多様性を増やす、多様な人が働きやすい組織をつくる」という段階から、「多様性の持つ違いと共通点を理解する、多様性を受け入れて成長に活かす」という、ダイバーシティ＆インクルージョン経営（以下、Ｄ＆Ｉ経営という。）に取り組む段階に来ています。

◆第2章　ダイバーシティ　&　インクルージョン経営へ

2・1　機運が高まるインクルージョン経営

2・1・1　インクルージョンとは何か

ダイバーシティ経営に本気で取り組んでいる企業が、近年注目しているのは「インクルージョン」というキーワードです。「インクルージョン（Inclusion）」とは、直訳すると「包摂（包み込む）・包含」という意味になります。日本ではまだ耳慣れない言葉ですが、米国の大手企業の多くは、当初からダイバーシティ&インクルージョンという言葉で、経営戦略に取り組んできました。

社会福祉政策の分野では、「ソーシャル・インクルージョン（社会的包摂）」という言葉があります。障害者や高齢者、貧困者など社会的に弱い立場にある人たちを区別したり排除したりせず、受け入れ包み込み共生する社会を実現する考え方を言います。多様な人が働く組織でも、異なる属性や個人的特質、宗教や文化など社会的背景の違いから、摩擦が起きたり、暗黙的な排斥や区別によって、孤立したり疎外感や孤独感を持つ人がいます。組織におけるインクルージョンとは、そのような多様な人々が、組織を構成する大切な存在として受容され、対等に関わり合い、その能力を十分に発揮できている状態、と言えます。

2・1・2　ダイバーシティとインクルージョンの違い

ダイバーシティとインクルージョンの違いを、フルーツバスケットとミックスジュースにたとえてみましょう（図2・1）。

フルーツバスケットの中には様々な果物があります。バナナがなくてもイチゴがなくても、フルーツバスケットとして成り立ちます。「ダイバーシティ」も同様に、多様な人々が組織の中に、独立した「個」として存在しています。それぞれが自分の役割を持ち、力を発揮していますが、相互の関係は十分ではなく組織全体への影響は限定的です。

一方、「インクルージョン」は、ミックスジュースのようなものです。それぞれのフルーツがその持ち味を活かしながら、混じり合うことで単体

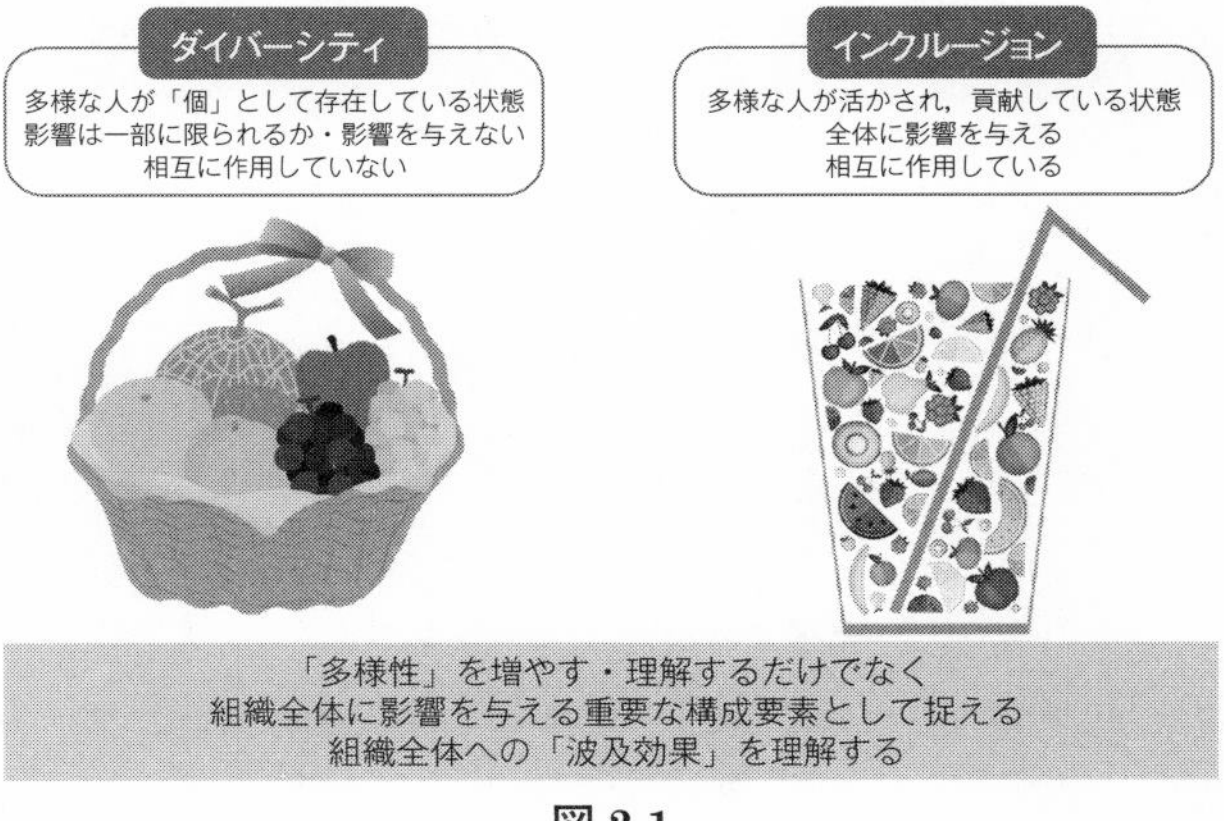
ダイバーシティ
多様な人が「個」として存在している状態
影響は一部に限られるか・影響を与えない
相互に作用していない
インクルージョン
多様な人が活かされ，貢献している状態
全体に影響を与える
相互に作用している
「多様性」を増やす・理解するだけでなく
組織全体に影響を与える重要な構成要素として捉える
組織全体への「波及効果」を理解する

図 2.1

とは全く異なる味や色、変化を生み出します。また、どのような果物をどの程度組み合わせるかによって無限に可能性が広がっていきます。多様な一人ひとりが組織の大切な構成要員として役割を果たし、対等な関係として一体感を持ち、相互に作用し合いながら、全体に良い影響を与えているのです。

つまり、ダイバーシティは、組織の中の多様性に対応し、制度や仕組みなど環境を整えることに注力している状態であり、インクルージョンは、その環境の中で、誰もが信頼と安心を感じながら、十分に個々の力を発揮できる組織風土をつくり出している状態だと言えます。

2・1・3 D&I経営を推進する意味

多くの企業はこれまで、組織に多様性を増やし、その多様な属性ごとに働きやすい環境を整備してきました。それぞれが分断されたままで、相互に作用することはなく、フォルトライン（断層）が生まれやすい状態となっていました。

異なる属性や個人的資質、文化や背景を持った人々が、共に働いている状態が当たり前になった今日、ダイバーシティから成果を生み出すためには、多様な人材が「ただそこにいる」という状態から、お互いに影響を与え合い相互に作用し「知のシナジー（相乗効果）」を生み出すことが求められています。すべての人が受容・包含され活かされている企業文化の醸成、それが「インクルージョン」です。

インクルージョンが実現された組織には、どのようなことが起こるでしょうか。柔軟でフラット、違いを楽しみながら異なる考え方を受容し、寛容な雰囲気を持つ組織となり、人々の交流もオープンで、常に新しい考えやアイデアが生まれやすくなります。そのポジティブな影響は、組織の中だけにとどまらず、外部にも波及していきます。組織のビジョンやあり方に共感するすべてのステークホルダー（利害関係者）が、コミュニティの一員のように受け入れられ、対等に関わり合うことで、オープンイノベーション（社内外を通じた新たな価値の創造）につながります。個人の貢献や成長にとどまらず、相互に変化し合い、組織そのものの成長が促進されるのです。

Ｄ＆Ｉ経営とは、ダイバーシティ経営のその先にある、企業が真に目指す姿だと言えます。

２・２　Ｄ＆Ｉ経営を後押しする最新潮流

Ｄ＆Ｉ経営が注目され始めた背景には、ダイバーシティ推進の質的変化も影響しています。筆者は長年、企業におけるダイバーシティ推進活動を支援してきましたが、これまではどちらかと言えば、「内向きのダイバーシティ推進」に終始していたように感じています。

組織の中にどのように多様性を取り込むか、既にある組織の多様性をどう活かすか、企業の成長やイメージを高めるためにどのように活用するか、という組織の中の取組みです。

しかし、ここにきて「外向きのダイバーシティ」「外とつながるD&I経営」に取り組む企業が増えてきた印象があります。企業も多様性の一部であり、その責任においてどのような貢献ができるのか、社会の多様性に留意したビジネスのあり方が模索され始めています。近年は企業を取り巻く経営環境が大きく変化し、社会の持続的な発展に対する義務と責任が強く求められるようになったことも一因でしょう。D&I経営は企業の存続にも影響しかねない、重要な経営戦略として位置付けられるようになったのです。

2・2・1　SDGsとD&I経営

企業が、「外とつながるD&I経営」を意識するようになったきっかけの一つに、SDGs活動があります。SDGsとは「Sustainable Development Goals」の略称です。

2015年9月、国連本部において、加盟193カ国の全会一致で、「持続可能な開発のための2030アジェンダ」が採択され、SDGs（持続可能な開発目標）がスタートしました。SDGsは、「誰一人取り残さない世界の実現」を理念に掲げ、持続可能な社会をつくるために、世界が抱える問題を17の目標と169のターゲットに整理し、その達成に向けて世界が一致して取り組むべきビジョンと課題を設定しました。ＳＤＧｓの特徴は、「２０３０年に、世界がどういう状態になっていなければいけないか」という成果目標を具体的に示し、国や企業だけでなく、すべての人々に行動を呼びかけているところにあります。

ＳＤＧｓに対する企業の関心は極めて高く、一般社団法人グローバル・コンパクト・ネットワーク・ジャパンの調査によると、経営陣の認知度は２０１５年の２０％から２０１８年には５９％と急増しています。ＳＤＧｓに関する方針や戦略の検討・評価を行っている企業は７割に上り、今後自社の戦略・経営計画に反映する企業は約６割、外部との連携・パートナーシップを強化すると答えた企業も５割近くになります。

ＳＤＧｓとＤ＆Ｉ経営の目指す姿は非常に密接な関わりがあります。特に次ページに示すＳＤＧｓの目標は、直接的に企業の取り組むダイバーシティ推進施策に関係していると言えるでしょう。下欄に具体的なＤ＆Ｉ施策を紹介します。

ＳＤＧｓをＤ＆Ｉ経営の文脈で理解し、取り組んでいる企業はまだ少数ですが、今後は、Ｄ＆Ｉ推進施策とＳＤＧｓを紐付けて考えることで、改めてその実現の意義と重要性に対する認識が深まるのではないでしょうか。

SDGs目標	D&I施策
目標1 あらゆる場所のあらゆる形態の貧困を終わらせる	雇用の確保・賃金格差の是正
目標3 あらゆる年齢のすべて人々の健康的な生活を確保し、福祉を促進する	健康経営の促進
目標4 すべての人に包摂的かつ公正な質の高い教育を確保し、生涯学習の機会を促進する	自己啓発、キャリア形成支援
目標5 ジェンダー平等を達成し、すべての女性及び女児の能力強化を行う	女性活躍推進

 **目標８**　包括的かつ持続可能な経済成長及びすべての人々の完全かつ生産的な雇用と働きがいのある人間らしい雇用（ディーセント・ワーク）を促進する	働き方改革 ハラスメント防止
 **目標１０**　各国内及び各国間の不平等を是正する	サプライチェーンダイバーシティ 不平等の是正
 **目標１６**　持続可能な開発のための平和で包括的な社会を促進し、すべての人々に司法へのアクセスを提供し、あらゆるレベルにおいて効果的で説明責任のある包括的な制度を構築する	ＫＰＩ（重点業績評価指標）の設定、ガバナンス

（アイコン及び目標の出所　国連広報センターウェブサイト）

2・2・2　「社会に良きこと」を評価する投資活動の高まり

（1）投資活動で社会課題を解決する

（a）中長期的な発想を重視するＥＳＧ投資

企業が、ただ利益を出せば評価される時代は終わりました。どんなに利益を出しても、社会にとって良き会社でなければ淘汰される時代が始まったのです。それを最も端的に表しているのが、ＥＳＧ投資活動の高まりでしょう。

ＥＳＧ投資とは、環境（Environment）、社会（Social）、企業統治（Governance）に配慮している企業を重視・選別して行う投資をいい、２００６年、国連が機関投資家に呼びかけたことから始まりました。特徴は、「売上高・利益」といった過去の実績ではなく、「環境・社会・企業統治」といった非財務情報を重視している点です。

ＥＳＧ投資が広まる背景には、気候変動やエネルギー資源の枯渇、技術革新、ソーシャル・メディアの台頭など、地球規模の環境・社会課題が顕在化してきたことがあげられます。これらの課題は、企業にも様々な影響を与えています。ＥＳＧ投資は、財務情報以外に注目することで多面的に企業を評価し、中長期的な成長や収益につながる企業を探し出そう、という発想に基づいています。

日本では、２０１７年に、年金積立金管理運用独立行政法人（ＧＰＩＦ）が、三つのＥＳＧ

投資に連動したパッシブ運用を資金１兆円で開始したことで、一気に加速しました。パッシブ運用とは、運用目標とされるベンチマーク（日経平均株価やＴＯＰＩＸなどの指標）に連動する運用成果を目指す運用手法で、ＧＰＩＦが使用した指標の一つは、ＭＳＣＩ日本株女性活躍指数＊でした。ＥＳＧ投資の拡大が、Ｄ＆Ｉ経営に取り組む機運を後押ししていることは間違いありません。

（b）女性にフォーカスしたジェンダースマート投資

ＥＳＧ投資が広まる中で、より社会貢献を意識した「インパクト投資」への関心も高まっています。「インパクト投資」とは、社会的事業を行う企業、組織、ファンドへ投資することによって、社会的成果と財務的リターンの両立を目指すものです。金銭的なリターンだけでなく、投資運用を通じて社会や環境を良くしていくことを目的にしています。

また、インパクト投資の中でも、とりわけジェンダー（女性）にフォーカスした、ジェンダースマート投資が急速に拡大しています。ジェンダースマート投資は、女性による投資

＊　ＭＳＣＩ日本株女性活躍指数（セレクト）は、世界的な指数算出会社であるＭＳＣＩ社の基準に基づいて選出された女性の活躍度の高い日本の企業の株式で構成される株価指数のこと。職場において高いレベルで性別多様性を推進する企業は、将来的な労働人口減少による人材不足リスクにより良く適応できるため、長期的に持続的な収益を提供すると考えられる。

と、女性がリードする／女性を支援するビジネスを対象とした投資をいい、ジェンダーレンズ投資とも呼ばれます。

世界銀行グループのＩＦＣ（国際金融公社）では、ジェンダースマート投資の基準を次のように定めています。

① 女性のリーダーシップ、意思決定を促進する（経営層に一定の割合女性がいる）。
② 女性の資金アクセスを促進する。
③ 提供するサービスが女性に寄与する。
④ 職場における女性の平等と保護を担保する。
⑤ ジェンダーに基づくハラスメントや暴力の予防・保護を行う。
⑥ 女性投資家を支援する。

笹川平和財団ジェンダーイノベーション事業グループの松野文香氏は、「社会的インパクト投資フォーラム２０１９」に登壇し、次のように言及しました。

『ジェンダースマート投資は年々増加傾向にあり、公開市場においては、過去４年で１億米ドルからその２４倍の２４億米ドルに到達したことや、ベンチャーキャピタルの視点から見ても、２０１８年には２９のファンドが新設され、現在は８７のファンドが２２億米ドルの資金を集めており、今後も更に増えるとみられている。また「ジェンダー」及び「革新的な資金調達」のキーワードが２０１８年および２０１９年のＧ２０サミット首脳宣言においてそれぞれ取り上げられるなど、ジェンダースマート投資の主流化に向けて、日本に追い風が吹いている。』

ジェンダースマート投資は、組織運営におけるジェンダー平等や女性のエンパワーメントを支援する手段としてだけでなく、組織におけるリスク（ハラスメント、離職率の増加、不適切なバリューチェーン）を認識したり、高い成長の見込みがありながら資金調達できない女性起業家への投資など、より優れた投資判断をする有効な手段にもなります。また、現在は、投資を受ける側も投資する側も、圧倒的に男性で占められていますが、この状況に変化の兆しが表れています。

ボストンコンサルティングファームの調べでは、２０１０〜２０１５年の間に、世界中で女性が保有する資産額は３４兆米ドルから５１兆米ドルに増え、２０２０年には７２兆米ドルに増加する見込みです。女性の富は、既に世界全体の成長率よりも早い速度で成長しており、そのスピードは加速しています。今後は、投資する側にも投資を受ける側にも急速に女性が増え、多くの影響を与えていくでしょう。

(2)「コーポレートガバナンス・コード」改訂の意義

コーポレートガバナンスとは、企業経営を統制・監視する機能を言います。企業価値向上や持続的成長につなげるため、情報開示や組織運営の公平性や透明性を確保するものです。ガバナンスを行うことで、企業が行う違法行為の監視や、経営者の独走を未然に防ぐことも可能となります。

日本では、機関投資家が企業の株式を大量に保有しながら、株主総会などで経営に口を出さない「モノ言わぬ株主」の状況が続いてきましたが、リーマンショックなどの反省を踏まえ、国は２０１４年、「責任ある機関投資家の諸原則（日本版スチュワードシップ・コード）」を定めました。生命保険会社や年金資金運用法人などの機関投資家が「モノ言う株主」となり、投資先企業に対する経営監視機能を強化することで、企業の持続的成長や株主への還元を後押しするねらいがあります。

さらに２０１５年には、「コーポレートガバナンス・コード」が策定されました。コーポレートガバナンス・コードは、上場企業が守るべき行動規範を意味し、大きく五つの基本原則で構成されています。

① 株主の権利・平等性の確保
② 株主以外のステークホルダーとの適切な協働
③ 適切な情報開示と透明性の確保
④ 取締役会等の責務

⑤　株主との対話

２０１８年に改訂された「コーポレートガバナンス・コード」では、女性取締役がいない上場企業に対して投資家に説明を求めることで、女性取締役の起用を促進するダイバーシティ推進策が盛り込まれました。

具体的には、「投資家と企業の対話ガイドライン」において、「取締役会が、ジェンダーや国際性などの多様性を十分に確保した形で構成されているか、取締役に女性が選任されているか」について明確にするよう求める内容が明記されたのです。法的拘束力はありませんが、「コンプライ・オア・エクスプレイン」（原則を実施するか、実施しない場合には、その理由を説明するか）の手法を採用し、各企業に説明責任を求めています。

また、理由なく違反している場合は、東京証券取引所への改善報告書の提出、あるいは公表措置、上場契約違約金の支払い措置の対象になる恐れもあります。女性取締役が一人もいない企業は、それだけで投資の対象として敬遠されるリスクを負うことになったのです。機関投資家や個人株主が、株主総会で、役員の多様性（女性や外国人比率）を質問する光景も珍しくなくなりました。

米金融大手ゴールドマン・サックスは、２０２０年１月、女性取締役がいる企業の業績が良いことを理由に、上場を希望する欧米企業に対して、最低一人の女性取締役がいない場合、新規株式公開（ＩＰＯ）業務を引き受けないと発表しました。多様性社会の実現を後押しする動きは、投資の世界にも広がっています。「コーポレートガバナンス・コード」の改訂によって、上場を目指す企業または上場企業は、女性取締役や外国人など、多様な人材の起用が急務となりました。

（３）Ｄ＆Ｉ推進企業への評価活動

Ｄ＆Ｉ経営を後押しするように、政府も様々な表彰制度や認定制度を設けています。

（ａ）ダイバーシティ経営１００選・１００選プライム

経済産業省は、ダイバーシティ推進を経営成果に結び付けている企業の先進的な取組みを広く紹介し、取り組む企業の裾野拡大を目指し、２０１２年「新・ダイバーシティ経営企業１００選」を創設し、経済産業大臣表彰を実施しています。また、中長期的に企業価値を生み出し続ける取組みとしてステップアップするべく、「ダイバーシティ２・０」に取り組む企業を「１００選プライム」として、新たに選定しています。

（ｂ）えるぼし認定

女性活躍推進法に基づき、一定基準を満たし、女性の活躍推進に関する状況などが優良な企業を厚生労働大臣が認定する制度で、２０１６年に創設されました。「えるぼし」の認定基準には五つの評価項目があり、満たした要件により、一つ星から三つ星まで三段階に分かれています。２０２０年6月には、えるぼし認定よりも水準の高い「プラチナえるぼし」認定が創設されました。

(c) なでしこ銘柄

経済産業省は、東京証券取引所と共同で、２０１２年度より女性活躍推進に優れた上場企業を「なでしこ銘柄」として選定し、発表しています。なでしこ銘柄は、「女性活躍推進」に優れた上場企業を、「中長期の企業価値向上」を重視する投資家にとって魅力ある銘柄として紹介することを通じて、各社への投資を促進し、その取組みを加速化していくことをねらいとしています。２０１８年度より、「なでしこ銘柄」選定に加えて、女性活躍推進に優れた企業をより幅広い視点で評価する観点から「準なでしこ」を選定するとともに、「なでしこチャレンジ企業」リストを作成しています。

「良い情報も悪い情報も公表しない」と、その閉鎖性がたびたび問題となってきた日本企業ですが、D&I経営においてはそういうわけにはいかなくなったようです。情報公開や組織の透明性は、企業を評価する重要な指標となっています。目標を策定し達成すれば評価をされ、達成できなかった場合はなぜできなかったのかという理由を問われ、情報を公表しないことは、それ自体がマイナス評価につながってしまうこともあるのです。

2・3　D&I経営を実現するインクルージョン施策

2・3・1　インクルーシブな基盤をつくる

（1）急がれるハラスメントのない職場づくり

日本初の「セクハラ」裁判が起きたのは平成最初の年である1989年。それから30年め、平成の終わりに、改めてハラスメント問題が大きな話題となり、日本を揺るがしました。2017年、米国・ハリウッドの著名映画プロデューサーによる、女優やモデルなどへのセクシュアルハラスメント疑惑をきっかけに始まった「#Me Too運動」は、セクハラ被害を支援する運動として世界中に広まり、日本でも賛同の声が高まりました。2018年は日本におけるハラスメント元年と言われるほど、その問題が大きく顕在化した年でした。政府高官や上場企業の役員、銀行頭取などトップが責任を問われ、辞任するということが立て続けに起きました。

人材会社のエン・ジャパンが、2019年に行ったパワーハラスメントに関する調査によると、対象の8割以上がパワハラを受けた経験があるとし、パワハラを受けた3人に1人が「退職」を選択しています。最も大きな被害は「精神的な攻撃（公の場での叱責、侮辱、脅迫）」（66%）、2位は「過大な要求（不要・不可能な業務の強制、仕事の妨害）」（44%）

となっています。男女で差があるのは「人間関係からの切り離し（隔離、無視、仲間外れ）」で男性が３３％なのに対し、女性は４５％と高くなっています。

セクハラやマタハラ（妊娠・出産、育児休業を理由とした嫌がらせ）、パタハラ（男性の育児参画に対する嫌がらせ）やパワハラに関する相談件数は年々増加しているにもかかわらず、十分な法制度はなく、被害者は声を出せない、または声を出しても十分に救済されない状態が続いていました。

男女雇用機会均等法にはハラスメント規定が設けられていますが、防止配慮義務という消極的なものであり、刑事罰も民事救済も規定されておらず、世界からは大きく後れを取っています。国連の女性差別撤廃委員会は、セクハラの禁止規定を持たない日本に対し、たびたび是正勧告を行っています。被害者が声をあげにくい、声をあげた人が反対にバッシングされてしまうという日本の現状は、セクハラに関する法整備が遅れていることにも、大きな原因があると言えます。

深刻なハラスメントが表面化した２０１８年は、一方で変化の兆しが表れた年でもありました。自社の女性社員が取引先により受けたセクハラ被害を見過ごしたり、セクハラ行為をする社員を放置していたことを理由に、経営トップの引責辞任につながったケースはこれまでにない動きです。「ハラスメントは人権侵害。犯罪であり許されない行為」ということが、社会の共通認識とされるようになった証です。「仕事ができれば、多少のハラスメント行為は仕方がない」と許されてきたことが、「ハラスメントするような人は、そもそも組織にリスクをもたらす人。危険な存在」という認識に変わったのです。

職場での暴力やハラスメントを許さないという機運は、世界的に高まっています。ILO（国際労働機関）は2019年、「仕事の世界における暴力とハラスメントの撤廃に関する条約」を採択し、各国に批准と国内法の整備を求めました。これを受け、政府もようやく重い腰をあげ、「女性の職業生活における活躍の推進に関する法律等」の一部を改正する法案を可決し、2020年6月に施行されます。パワハラ防止対策関連法（通称「パワハラ防止法」）は、次のような様々な法律を改正、強化することで取り締まりを行うものです。

改正される法律	**改正内容**
女性活躍推進法	⇓女性活躍推進のための行動計画策定等義務企業の対象を拡大
労働施策総合推進法	⇓パワハラ防止措置の義務化の明記

男女雇用機会均等法	⇓セクハラ・マタハラに関する相談や訴えを理由とする不利益な取扱いの禁止など ⇓就活生・取引先等の「社外の関係者」とのセクハラに関する措置
労働者派遣法	⇓パワハラ防止措置について、派遣先事業主も「派遣労働者を雇用する事業主」とみなす旨の追記
育児・介護休業法	⇓育児休業・介護休業等に関するハラスメントの相談・訴え等を理由とする不利益な取扱いの禁止など

ハラスメントのある職場は、個人にとってだけでなく組織にとっても大きなリスクとなります。ハラスメントは、社会規範や職場の風土、関係性なども影響しているものであり、決して特定の個人の問題ではありません。被害者対加害者、組織対個人の問題にするのではなく、双方にとってより良い職場にしていくためには、どうすればよいのを考えることが重要です。ハラスメントは百害あって一利なし。法制度の充実を待つだけでなく、ハラスメント撲滅に向けて積極的な防止策を講じていきましょう。

2・3・2　安心・安全の場で対等に働く

（1）職場の心理的安全性を高める

D&I経営の重要な要素として、近年「心理的安全性」というキーワードが大きな関心を集めています。

心理的安全性とは、リスクを恐れずに本音で話ができる、自分らしく振舞える、自信を持ってそこにいられる状態を言います。心理的安全性が注目を集めるようなったきっかけは、グーグルが２０１２年から行ってきた生産性向上に関する大規模な調査「プロジェクト・アリストテレス」でした。このプロジェクトでは、自社の数百にも及ぶチームを分析し、生産性の高いチームに共通している五つの要素を抽出しました（図２・２）。

中でも、心理的安全性は最も重要な要素であり、それ以外の四つを生み出すすべての土台となっていることが明らかとなりました。メンバーの能力や働き方によって生産性が左右されるのではなく、他者への共感や、安心して弱みを見せられる、リスクを恐れず発言できるという心理的な要素が、生産性に大きく影響していたのです。

心理的安全性が低いとどうなるでしょうか。メンバー間の信頼は生まれず、役割や目標は不明瞭で共有されません。また、仕事の意味を感じられず、自分が貢献している、良い影響を与えているという実感も薄くなります。『チームが機能するとはどういうことか』（英治出

図 2.2

出所　Google re:Work（リワーク）「効果的なチームとは何か」を知る，ウェブサイトより転載.
https://rework.withgoogle.com/jp/guides/understanding-team-effectiveness/steps/introduction/

版）の著者で、ハーバードビジネススクール教授のエイミー・C・エドモンドソン氏は、心理的安全性が低くなる要因として、組織の中にある次のような雰囲気や行動習慣を指摘しています。

・**無知への不安**　「こんなことも知らないのか」「それくらいのことで悩むのか」と馬鹿にされたり見下されるのでは、という恐れから必要な質問や相談ができない。

・**無能への不安**　「こんなこともできないのか」という非難や、失敗を許さない雰囲気から、ミスを隠蔽したり必要な情報を開示しない、報告しないため、情報共有が遅れたり、重大なトラブルにつながる可能性がある。

・**邪魔への不安**　自分の行動や発言が、余計なお世話や邪魔な行為だと思われるのではないかと不安になり、自ら提案したり主体的な行動を起こすことに消極的になる。

・**否定への不安**　ネガティブな発言を嫌がられたり、相手を委縮させるのではないかと、必要以上に不安になり、建設的な批判すらできなくなる。

「ダメでもやってみよう」という前向きな行動や、「未熟な意見かもしれないが、とにかく発言してみよう」という積極的な気持ちを促進するためには、職場の心理的安全性が不可欠なのです。心理的安全性の高い職場には次のようなことが起こりやすくなります。

①　ネガティブなことであっても率直に話す。

② 困ったときに助け合う。
③ 挑戦し、失敗も含めて受け入れる。
④ 新しい視点や才能、個性を歓迎する。

心理的安全性を高めるためには、職場や個人の中にあるアンコンシャス・バイアス（無意識の偏見）に対処することが重要です。アンコンシャス・バイアスが蔓延した職場では、心理的安全性は醸成されません。また、自己理解や他者理解を深めるための「対話」も不可欠です。職場は忙しく、仕事は属人化して、リアルに顔を合わせる機会も減り、情報共有やお互いを理解し合う時間もなくなってきます。普通にしていてはコミュニケーションが取れない状態にあるため、対話する「場」を意図を持って設定したり、意識的に時間を確保することが重要です。

一般社団法人日本認知科学研究所理事の石井遼介氏は、「チームの心理的安全性はリーダーの心理的柔軟性によって醸成される」と言います。心理的柔軟性の高いリーダーには、次のような特徴があります。

・発言を歓迎する。
・発言の内容を評価するのではなく、まずは発言したことについて感謝を述べる。
・リーダーが間違ったときには間違いを認めて、そこからの学びをメンバーと共有する。

・助けが必要かどうか、困っていることはないか聞いて回る。
・相談されたら手を差し伸べる。
・挑戦を歓迎し、挑戦したことをまずはほめる。
・失敗したときもチームとして何が学びになるかを振り返る。

心理的安全性の高い職場をつくることは、D&I経営における基本とも言うべき重要な施策になります。

(2) 多様性を活かす働き方を考える

(a) 働き方改革は誰のものか

D&I経営を推進する欧米の企業の多くは、当初から「ワークライフバランス」に取り組んできました。多様な人材が働く職場では、働く場所や働く時間、働き方の柔軟性を高めることで、仕事と生活の調和を図り、個人の生活を豊かにするとともに、組織への貢献意欲や業務効率化につなげ、双方のWin-Winを実現することが不可欠だからです。

日本で「ワークライフバランス」という言葉は、女性活躍や少子化対策の文脈で導入されたため、どうしても「仕事と家庭の両立支援策」という狭い範囲で理解・運用されてきた経緯があります。しかし、近年では、慢性的な労働力不足や、育児や介護を担う男性の増加やメンタルヘルスの問題など、働き方そのものを改革する重要性が叫ばれるようになりました。

政府は、働き方改革を「一億総活躍社会」実現の目玉として、強く推進しています。国が掲げる働き方改革は、大きく三つの柱で成り立っています。①長時間労働の是正、②正規・非正規の不合理な処遇などの解消、③多様な働き方の実現です。

さらにこの三つを実現するために、厚生労働省では次の七つの取組みを掲げています。

① 非正規雇用の待遇差改善
② 長時間労働の是正
③ 柔軟な働き方ができる環境づくり
④ ダイバーシティの推進
⑤ 賃金引上げと労働生産性向上
⑥ 再就職支援と人材育成
⑦ ハラスメント防止対策

また、２０１９年に施行された「働き方改革を推進するための関係法律の整備に関する法律」では、労働基準法や労働契約法といった八つの法律が改正対象となり、「残業時間の罰則付き上限規制」や「勤務間インターバル制度の努力義務」「同一労働同一賃金の原則の適用」「高度プロフェッショナル制度の創設」などが改訂されます。

特に注目したいのは、「高度プロフェッショナル制度の創設」です。これは、年収１０７５万円以上の専門職を、残業代や休日出勤手当など労働時間の規制の対象から外すというものです。高度プロフェッショナル制度の特徴は、賃金を「働いた時間」ではなく「成果」で決めるというところにあります。会社にとっては、残業代の削減や効率化につながり、従業員にとっては、時間や場所にしばられず働くことができ、年功序列や労働時間ではなく、成果によって報酬を得られるメリットが指摘されています。

一方で、残業規制枠が外れることで労働時間が青天井になる危険性や、「成果」に対する評価が不透明で、低い賃金に抑えられる可能性もあります。かつて、2007年に、ホワイトカラー労働者に対して労働時間規定の適用を免除する、ホワイトカラー・エグゼンプションが議論されました。このときは、年収400万以上を対象としたため、「残業代ゼロ制度」だと厳しい批判を浴び、導入が見送られた経緯があります。

高度プロフェッショナル制度は、対象が限定されていることや導入手続が煩雑なこともあり、当面は導入する企業はごく少数と言われています。しかし、様々な形で今後の働き方に影響を与えることは間違いありません。「高度プロフェッショナル制度の創設」が、どのような結果につながるのか、注視していく必要があると言えそうです。

このように多岐にわたる法改正を伴う大規模な改革ですが、政府や企業が推し進める働き方改革は、本当に働く人のための改革になっているのでしょうか。多様で柔軟な働き方が増えることを歓迎する声がある一方で、不満や不安の声も聞かれます。業務改革を進めなければ、結局サービス残業が増えたり一部の人にしわ寄せがいくことになるでしょう。また、一律的・画一的な残業禁止は、実質的な賃金削減を招いたり、現場の実態にそぐわないものとなる可能性もあります。

働く職場の仕組みや制度というハード面を変えるとともに、「働く人」の自律性を高め、職場のコミュニケーションを活発にするなど、ソフト面にもしっかりと目を向け、「働き方改革」が組織にとっても、個人にとっても有益なものとなるよう、留意が必要です。

（b）転勤のあり方を考える

「夫が育休復帰後2日目に転勤内示を受け取り、会社と掛け合ったが結局退職。私、産後４か月で家族４人を支えます。」２０１９年６月、一人の女性のツイッターが大きな波紋を広げました。このつぶやきは瞬く間に広まり、リツイートは1週間足らずで4万件を超えました。反響に驚いた会社側が「対応に問題はなかった」とウェブサイトで公表したため、そのコメントがまた炎上するという騒ぎになりました。

共働き世帯が当たり前になり、育児や介護を担う社員が増加するなど、社員の多様性が高まり、これまで聖域とも言えた「転勤」という制度が大きく揺らぎ始めています。

リクルートワークス研究所の機関誌『Works』１３４号の特集『転勤のゆくえ』は、昭和の時代に確立した「転勤」という仕組みが、制度疲労を起こしているのではないか、という問題意識に立ったものでした。「転居を伴う転勤」は、終身雇用を前提とした日本企業の特徴的な制度であり、要員計画や人材育成の上で不可欠な仕組みでした。雇用を保障する代わりに会社は転勤をさせる権利を持つという暗黙の共通認識がつくられ、今日まで強固に守られてきました。

日本型雇用を象徴する転勤には三つの目的がありました。一つめは人材需給の調整、転勤が人材の需給調整機能を担い、要員計画を立てやすくしていました。二つめは人材育成効果の側面。複数の拠点を経験させ、ジョブローテーションによる能力開発を目指すというものです。三つめは、マンネリ防止。新しい場所で新しい仕事に挑戦させることによってモチベーション維持を図ることを目的にしています。転勤に一定の合理性と効果があり、そのことが組織と個人の成長につながってきた、という成功体験を持つ企業は多いのではないでしょうか。

かつて「転勤」は、成長の機会であり、昇進・昇格するために通る道と考えられた時代もありました。しかし、組織の多様性は増し、ますます複雑になっています。終身雇用が揺らいでいる現在、多様な価値観やライフスタイルを持つ社員にとって、「転勤」というリスクは、企業を選ぶ基準にもなっています。転勤という仕組みそのものはなくならないでしょうが、時代にあったあり方に見直していくことが、求められているのではないでしょうか。

同特集で、法政大学教授の武石恵美子氏は、費用対効果の検証を行うことを強調し、その上で「固定化」「透明化・可視化」が重要だと述べています。

『まずは、転勤対象者や地理的な範囲を限定すること。不公平感の是正や単に昇格要件充足のための「水増し転勤」は取りやめ、本当に転勤が必要なケースに絞ることが大切』

『また、「赴任後○年で元の勤務地に戻す」「最終勤務地を決める」など転勤のルールを透明化し、人生設計を立てやすくすることも必要』『さらに賃金プレミアムのように、転勤可能性の有無で給与に差を付けるのではなく、実際に転勤が発生した場合に給与額を上げるやり方に変えることで、納得感が高まる』

中央大学教授の佐藤博樹氏はさらに踏み込んで、『転勤を試金石に、人事思想や人事権のあり方を見つめ直すべき』と指摘しています。『本来、雇用とはローカルなもの。個人とその家族がこれまで培ってきた生活と友人や地域のネットワークという社会資本を、一度断ち切らざるを得ない、というコストから目を背けてきた』という主張には、深く同感します。

転勤という仕組みに合理的な根拠はあるのか。思い込みや先入観、惰性で、維持し続けていないか。改めて、組織の当たり前を問い直すことで、新しい転勤のあり方を構築することが可能となるのではないでしょうか。

（3）　多様性を意識した組織デザインを行う

インクルーシブな組織をつくるためには、人々の意識や行動の変革が必要ですが、ハーバード大学ケネディ行政大学院教授で行動経済学者のイリス・ボネット氏は、その著書『WORK DESIGN』（NTT出版）の中で、変化を起こすには、人々の意識に働きかけるより、行動を変えるようなデザインを取り入れるほうがはるかに容易だと主張しています。

例えば、1970年代後半まで、アメリカの五大オーケストラの女性演奏家の割合はわずか5％に過ぎませんでした。それがたった1枚のカーテンによって劇的に変化し、今や一流オーケストラの女性奏者比率は35％を超えています。採用試験の際に、1枚のカーテンを持ち込んで審査員と演奏家の間を隔て誰が演奏しているのか見えないようにする「ブラインド・オーディション」を導入したことをきっかけに、女性の採用比率が飛躍的に増えたのです。審査員は誰一人として、自分が女性を差別している、とは思っていなかったでしょうが、結果として大きな変化が生まれました。必要だったのは、問題についての認識と1枚のカーテン、そして選考プロセスをどのようにデザインするか、という決断でした。

人は誰もがバイアスを持っており、アンコンシャス・バイアスや暗黙のルールが、マイノリティの活躍を阻害していることは明らかです。このような現実を否定することなく、「意図的な組織デザインによって、意識ではなく行動を変え、変化を起こす」――それが、行動デザインの考え方です。

イリス・ボネット氏は、「ジェンダーの不平等は行動デザインで緩和できる」と強調しています。「人間の心理とバイアスについて、そして、それを改めるための行動デザインについての知識を総動員すれば、何十年もの年数を要さずに変革を実現できる」、そして、デザインの有効性を忘れないための合言葉として「ＤＥＳＩＧＮ」という略語を紹介しています。

Ｄ＝データ　　Ｅ＝実験　　ＳＩＧＮ＝標識

行動デザインを効果的に行うためには、まず組織の中の様々なデータを収集することが重要です。男女の採用比率、昇進・昇格比率、研修の受講比率のみならず、使用されている資料や壁に飾られている肖像画の男女比など、あらゆるデータのジェンダー比率を収集し、分析してください。そして仮説を立て「実験」してみましょう。意図的にデザインするとどのような変化が起きるのか、検証してください。

実験する際には、新しい「標識」の効果を試しましょう。「標識」とは、社内にあるポスターの男女比を変える、面接の手順を変えるといったシンプルな方法で、行動に影響を与える仕掛けを言います。ホテルを事例にするならば、顧客による電気の消し忘れを口うるさく注意するよりも、カードキーを抜くと自動的に照明が消える仕組みにするほうがずっと効果的です。行動デザインにおける「標識」の役割は、難しいことを考えたり、正しさを追求するのではなく、シンプルに自然と適切で好ましい行動が取れるようにすることにあります。
バイアスの影響から逃れられないとしたら、人々の意識を変えるよりも、バイアスを排除して意思決定できる仕組みをつくるほうがはるかに効果的です。

2・3・3　多様性の一部として貢献する

(1)　CSV経営

近年、注目が集まっているCSV経営は、企業も多様性の一部として、その役割と責任を意識し、本業を通して社会に貢献しようという動きです。CSV経営（Creating Shared Value＝共有価値の創造）は、企業と社会の両方に価値を生み出す企業活動を促進する経営戦略を言います。

これまで企業が取り組んできたCSR（Corporate Social Responsibility＝企業の社会的責任）は、本業とは別に、寄付や社会貢献を通じて自社イメージの向上をはかり、ステークホルダーや社会との良い関係を構築するためのものでした。一方、CSV経営は、経営資源や専門性など本業の強みを活かして、バリューチェーンすべてに関わりながら、社会問題を解決するというものです。CSRはどちらかというと守り・受け身の社会貢献であり、

ＣＳＶは、経営戦略としての「攻め」のイメージが強いものです。企業の持つ強み（経営資源・専門性等）を活かし、自社のビジネスと直結しながら社会問題を解決するという視点を含んでいます。

例えば、ユニリーバは「環境負荷を減らし、社会に貢献しながらビジネスを成長させる」という企業ビジョンを実現するため、２０１０年、ユニリーバ・サステナブル・リビング・プランを導入。「１０億人以上の健康と幸福を改善する」「製品ライフサイクルからの環境負荷を半減させる」「バリューチェーンにかかわる人々の暮らしを向上させる」などを掲げ、アクションプランを実践しています。

また、ネスレはＣＳＶを通じて社会にプラスの影響を及ぼす三つの領域（「個人と家族」「コミュニティ」「地球」）を定義し活動しています。キットカットの包装紙をプラスチックから紙に変更したり、「ネスレ　カカオプラン」としてカカオの農業従事者向けに栽培方法の勉強会を開いたり、水環境や道路環境の整備、学校の建設や改修など生活向上の支援を行っています。

ＣＳＶ経営を意識した企業は、自社のサプライチェーン、バリューチェーンにも敏感になっています。その対象は、取引先や関連企業に広がり、資材の購入や調達先のみならず、技能実習生などの外国人労働者の労働環境やハラスメント対策などの労働関係にも及んでいます。「社会価値と経済価値を同時に実現する」というCSVは、これからのD&I経営に不可欠な視点でもあります。企業も社会の一員として多様性と向き合い、理解し、それを受け入れて活かす組織となることが、組織の成長・発展に間違いなくつながっているのです。

（2） 動き始めたサプライヤーダイバーシティ

欧米では、ダイバーシティ経営をサプライチェーン（直接材・間接材を含むあらゆる購買活動に関わる調達網）全体に広げ、その効果を最大化する動きが加速しています。サプライヤーダイバーシティとは、ダイバーシティ企業*が大企業のサプライチェーン内で商品やサービスを提供する機会を得るための取組みを言います。インテルは、ダイバーシティ企業の製品やサービスの購入・調達を行うサプライチェーンダイバーシティプログラムを実施しています。自社のサプライチェーン全体にイノベーションを拡大することを目的に、２０２０年までに「年間１０億米ドル分の商品やサービスをダイバーシティ企業から購入すること」を目標にしています。

また、シスコは調達金額の１０％を女性、マイノリティ、障害者が経営する企業から調達することを目標に掲げています。シスコの管理職がサプライヤーのメンターとなり経営のアドバイスをする取組みも進めています。サプライヤーをパートナーと考え、Win−Win の関係の中で共に価値を生み出しています。さらに、アクセンチュアでは、多様性のあるサプライヤー開発プログラムにおいて、多様性のある企業との関係を築き、拡大していく取組みを行っています。

日本では、ESG投資やCSV経営の中で、サプライチェーンをダイバーシティの視点で見直す動きはありますが、積極的にD&I経営として取り組んでいる企業はほとんどありませんでした。そのような中、2018年4月、日本で初めてサプライヤーダイバーシティの推進に特化した、ウィコネクトインターナショナル日本支部が設立されました。

ウィコネクトインターナショナルは、2009年、米国・ワシントンD.C.で設立され、女性が所有するビジネスと世界中の企業（バイヤー）とをつなぐグローバルネットワークを構築しています。ウィコネクトの主な活動は、国際認証WBE（Women Business Enterprise）にあります。女性が経営する企業を見いだし、査定・認証を与えます。国際認証WBEを取得した企業に対して、研修やマッチング、データベースの構築を行います。さらに、サプライヤーダイバーシティ&インクルージョン（SD&I）に賛同する企業（コーポレートメンバー）と連携し、賛同企業の調達網にWBE企業を組み込むことで、女性企業家がグローバルで成功するための後押しをしています。現在、コーポレートメンバーは100社

＊　ダイバーシティ企業とは、51％以上の多様な人物（障害者、女性、LGBTQ、退役軍人等）によって所有、運営・管理されている企業。

に上り、これらの多国籍企業の年間購買力は1兆米ドルを超えています。「女性が所有するビジネスが世界のバリューチェーンで成功することを支援する」というミッションのもと、日本でも活動を開始しています。

2・4　D&Iを経営カルチャーに

2・4・1　企業の成長ステージに合わせたダイバーシティ推進

ダイバーシティを推進している企業は多くありますが、その現状を見ると、消極的なものから積極的なものまで様々な状況にあります。『WIRED』誌Vol.30の特集『デジタル時代のダイヴァーシティ』*では、組織の状態によって、ダイバーシティ推進の六つのタイプを紹介しています。あなたの組織はどのタイプに近いでしょうか。

タイプ1　形式的ダイバーシティ　とりあえず不平等な制度をなくす

集団の差異を平等に扱うべきものとして考える。マジョリティとマイノリティの格差に対する認識が欠如しているため、マイノリティの社会参加を促せない。

タイプ2　分離型ダイバーシティ　分離する形で受け入れる

組織の一定割合まで人数を増やすことを促進。職域・職種を限定するなど、受け入れてはいるが、格差を維持し続ける点で問題がある。受動的・消極的なダイバーシティ推進。

タイプ3　消極的資源管理型ダイバーシティ

マイノリティを安価な「資源」として考える。常に組織の補充的役割と位置付けられる。組織に与える影響が少ない人材が評価される。同化主義的な傾向が強まる。

タイプ4　積極的資源管理型ダイバーシティ

マイノリティから優秀な「資源」を取り出す。人を「資源」として捉え、「積極的資源管理型」へ発展する。差異の「序列化」が生まれ、マイノリティ間の断絶がかえって深まる可能性も生まれる。

タイプ5　ショーウィンドウ型ダイバーシティ

生産性向上ではなく、企業イメージを高めるために、ショーウィンドウに飾られた商品のようにアピールすることで、支持や共感を得ようとするもの。ハッピーマイノリティのイメージにそぐわないことを、抑圧したり排除してしまうところに問題が残されて

＊『WIRED』誌では、「ダイヴァーシティ」と表記していますが、本書では「ダイバーシティ」としています。

いる。

タイプ6　変革ツール型ダイバーシティ

ダイバーシティをイノベーションの契機とする。ダイバーシティ推進の理想形。イノベーションを持たらすツールとして多様性を捉えている。差異を完全に包摂する、互いに尊重する、他者とのコンフリクト（対立や衝突）を積極的に活用する。「有用性」や「経済合理性」から価値付けを行わずにダイバーシティを評価する。変革ツール型実現に向けた鍵は「公正性」にある。

〔『WIRED』誌（コンデナスト・ジャパン発行）Vol.30, p.104-105をもとに再構成〕

D&I経営を進める企業は、間違いなく「タイプ6　変革ツール型ダイバーシティ」を意識しているでしょう。裏を返せば、自組織が「ダイバーシティをイノベーションの契機とする」という強い意志を持って取り組まない限り、その効果は限定的であるということです。

2・4・2　D&I経営のための推進施策

D&I経営は、企業活動の基盤となるものです。その取組みを成果につなげるためにはインクルーシブな組織づくりを意識し、次のような点に留意することが重要です。

①　インクルージョンを実感する機会と場を提供する。
②　組織の価値観・ビジョンを共有し、一人ひとりが自分なりの貢献イメージを持つ。
③　アンコンシャス・バイアスに自覚的になり、対処する。
④　コミュニケーションの質と量を高め、「対話」が起こるようなしかけを行う。
⑤　多様性を活かせるような組織デザインを行う。

さらに、具体的なＤ＆Ｉ推進施策として、どのようなものを行っていけばよいのか。筆者は少なくとも次の八つの視点が不可欠だと考えています。

①　トップのコミットメント
②　推進体制（制度・仕組みを含む）
③　マネジメント（採用・配置・評価・処遇・昇進・職域拡大）
④　ワークライフバランス（柔軟な働き方と継続就業支援）
⑤　組織風土（多様性の受容活性化）
⑥　キャリア開発（社員のキャリア自律度と会社のキャリア支援）
⑦　コミュニケーション
⑧　管理職（ミドルマネジメント）

これらの項目を定性的、定量的にチェックし、自組織の現状を把握します。(株)クオリアのウェブサイトでは、八つの項目に基づき診断チェックを行っているので、関心のある方は、下のＱＲコードから実施してみてください。どこから手を付ければよいか、見えやすくなるでしょう。

(株)クオリア

２・４・３　Ｄ&Ｉを経営カルチャーに

Ｄ&Ｉ経営の一歩先を行く米国でも、相変わらずダイバーシティ&インクルージョンはホットなテーマです。長年、人材開発や組織開発の調査・研究を行っている(株)ヒューマンバリューは、毎年米国の様々なカンファレンスに出席し、その知見を発信し、広く共有しています。２０１９年のＨＣＩインクルーシブ・ダイバーシティ・カンファレンスに参加した、同社取締役の川口大輔氏のレポートによると、Ｄ&Ｉの本質が毎日の行動に自然に現れるように、「組織のカルチャーの中に織り込む」という課題認識が強調されていたそうです。

組織にＤ&Ｉの新しい習慣を生み出すことが重要、さらに多すぎる規範や行動指針は逆効果、というメッセージは、Ｄ&Ｉ経営を推進する上で大きなヒントとなるものです。

さらに、カンファレンスの中では、「自分たちのカルチャーにフィットした人ばかりを採用していると、組織がモノカルチャー化してしまう。今の時代は、組織に新たなバリューや考え方を加えてくれるような人を招き入れるべきだ」として、「Culture Fit（カルチャー・フィット）」から「Culture Add（カルチャー・アッド）」の組織にしていく重要性が語られたと言います。

「カルチャー・フィット（同質性の高い組織）」から「カルチャー・アッド（多様性を活かした組織）」へ。男性中心で同質性の高い日本企業が、ダイバーシティを進めるカギはここにあると言ってもいいのではないでしょうか。

ダイバーシティを組織変革のレバレッジとして活かすために、Ｄ＆Ｉを経営カルチャーとして根付かせていきましょう。

◆第3章　ジェンダーダイバーシティの未来

3・1　ただ一人取り残されていく日本

『いわゆる「失われた20年」の真実とは、日本がかつて世界一活用していた人的資本、創造性、生産性が失われたということだ。人的資本の活用による生産性が低下したのは、あらゆるレベルの雇用主が、女性をあまりにも不公平に扱ってきたのが原因だ。』英『エコノミスト』元編集長ビル・エモット氏の著書『日本の未来は女性が決める』（川上純子訳、日本経済新聞社）の一節です。日本のダイバーシティ推進は女性活躍を中心に進んできました。にもかかわらず、日本の男女格差は未だに根強く残り、その変化の遅さも国際的な批判を浴びています。ダイバーシティ経営の対象は決して女性だけではありませんが、女性活躍が日本において、喫緊の課題であることは疑うまでもありません。

本章では改めて、女性活躍に焦点を当てることで、ジェンダー平等の重要性、女性活躍の意義を考察します。

3・1・1　ジェンダーギャップ指数121ショック

2019年12月、日本のジェンダーギャップ指数は、過去最低の121位となりました。ジェンダーギャップ指数は、世界経済フォーラム（WEF）が毎年発表している、男女格差を調査した『グローバル・ジェンダーギャップ』のランキングです（図３・１）。各国の男女の格差を経済・教育・健康・政治の四分野１４項目で分析し、各分野における男女格差に着目し、評価しています。女性の政治参加が著しく進んだことを背景に、世界的には男女格差の解消に必要な年数を、１０８年から９９・５年に縮小しました。しかし、日本は前年の１１４位から順位を大きく下げ、世界１５３カ国のうち、１２１位。G７の中でも最低でした。健康を除いて、経済・教育・政治、どの分野でも順位を下げていますが、政治は１４４位と世界でも最低水準です。

また、経済は１１５位と前年から二つ上昇しましたが、依然低い水準にあることに変わりはありません。組織の意思決定機関への女性の参画が低いことが要因です。内閣府の『２０１９年度男女共同参画白書』を見ても、女性管理職比率は１４・９％に過ぎず、賃金格差や女性非正規社員の増加なども足を引張っています。男女共同参画社会基本法や男女雇用機会均等法、女性活躍推進法など、女性活躍を後押しする法制度を整備したにもかかわらず、順位がじりじりと下がっていくのはなぜでしょう。罰則規定も拘束力もない法律では、変化は起きないという当然の帰結だとも言えます。世界がどんどん男女格差を縮めていく中、取り残されていく国、日本。そのような危機感を感じているのは筆者だけではないでしょう。

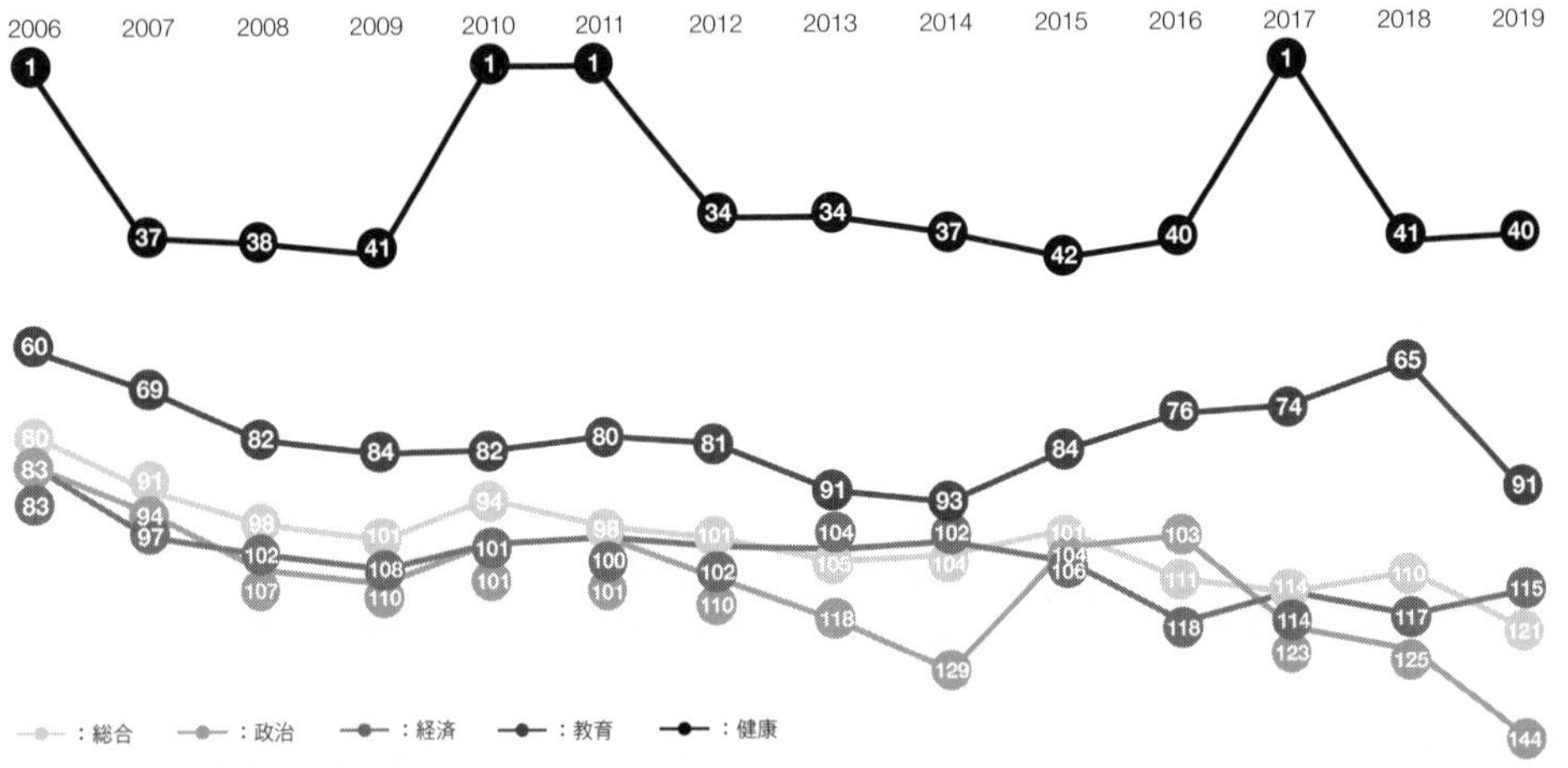

注　白抜き数字は日本の順位.

図 3.1　日本のグローバル・ジェンダーギャップ指数 推移のグラフ（2006〜2019 年）

出所　公益財団法人ジョイセフウェブサイト『世界のデータ〜 2019 年「ジェンダー・ギャップ指数」日本が 110 位から 121 位へ（153 カ国中）』より.
https://www.joicfp.or.jp/jpn/2019/12/19/44893/

ちなみに日本の前後を見ると、120位アラブ首長国連邦、122位クウェートと、いずれも中東の国が並んでいます。宗教や政治状況など、女性の社会進出を阻む要因が明確な中東に比べ、格差が見えにくい日本の状況は、より深刻な問題をはらんでいるのではないでしょうか。

(1) 世界最低水準、増えない女性政治家

日本のジェンダーギャップ指数の足を引張っているのは、間違いなく女性の政治参画の低さです。筆者は最近、タンザニアから神戸の大学に留学し、女性の政治参画を研究している女性と話をする機会がありました。タンザニアのジェンダーギャップ指数は68位。女性政治家登用へのクォータ制（割当て制）もあるそうで、日本の現状に心底がっかりした表情を浮かべながら、「先進国日本で、なぜ女性政治家が少ないのか不思議だ」と話していました。

クォータ制が、女性の政治参画に効果的なことは世界が証明しています。OECD加盟国では、ノルウェーが早くからクォータ制を取り入れており、現在では、アイスランド、スウェーデン、フランス、ドイツ、イギリス、メキシコ、チリ、イスラエル、韓国など32カ国が採用しています。ルワンダ、ケニア、ウガンダなどのアフリカ諸国は、クォータ制の導入で女性政治家が飛躍的に増加しています。

日本でも長く議論のあったクォータ制ですが、2018年5月、ようやく、男女の候補者

の数ができる限り均等になるよう政党に努力を求める、「政治分野における男女共同参画推進法」（通称「パリテ＊法」）が施行されました。フランスのパリテ法に倣っていますが、本家本元のパリテ法は、各政党に対して、男女同数・平等となる５０％ずつの候補者擁立を義務付け、男女差が２％を超えると政党助成金が減額されたり、候補者名簿の登載順を男女交互とし、違反した名簿は受理されないなど強い拘束力があります。一方、日本版パリテ法は、罰則規定もなく、拘束力もない法律であり、本来のクォータ制（割当て制）には遠く及びません。

施行後初めてとなる２０１９年４月の参院選では、女性候補者の割合は２８％（１０４人）と、前回の２５％よりわずかに増えたものの、与党自民党の擁立候補は１４・６％（８２人中１２人）にとどまり、男女同数にはほど遠い状況でした。女性活躍推進を声高に進める安倍政権ですが、２０１９年９月の改造内閣では女性閣僚は３人という少なさです。女性活躍を企業に求めておきながら、足下は何ともお寒い状態。これでは、口だけ女性活躍と言われても仕方のない状況です。

（２）　２０２０３０はなぜ達成されなかったか

「社会のあらゆる分野で２０２０年までに指導的地位に女性が占める割合が、少なくとも３０％になるように」と、政府が初めて数値目標を掲げたのは２００３年でした。当時の企業における女性管理職比率は８・９％（内閣府『男女共同参画白書』２００３年版）と、１割に満たない数字であり、数値目標を示すことについて反発や批判の声がありました。案の定、女性管理職の登用は遅々として進みませんでした。

政府は、２０１３年、改めて２０２０３０を打ち出し、女性管理職の増加を戦略目標に掲げました。女性活躍推進法の中で行動計画策定が義務付けられ、管理職登用のためのあらゆる施策を講じるよう求められました。その結果は、というと、２０１９年の数字は１４・９％。目標の半分も達成できていない状況で、最初から達成する気がないと言われても仕方のない数字です。あまり知られていないことですが、政府は、２０１５年１２月、第四次男女共同参画基本計画において、２０２０年の民間企業の女性課長職の割合を１５％にすると下方修正しています。ついにギブアップしたのです。東京大学教授の上野千鶴子氏は、「数値目標を掲げているだけ、単なる努力目標だけで罰則規定もない、実効性のない法律をつくっても、強制力のない中で、企業が目標を達成できるわけがない」と切り捨てています。

女性管理職を増やすには時間が必要です。そもそも少なすぎる採用や限定された職域、残業・休日出勤などの長時間労働が当たり前の働き方、という構造的な問題があります。また、育成の対象と見られず経験や機会の付与が少なかったり、男性型のリーダーシップスタ

＊　パリテとは、同等・同量を意味するフランス語。

イルが求められたり、良かれと思って甘い対応をする好意的な差別を行う上司の存在など、様々な阻害要因がある中で、女性のみに努力を求めることは限界があります。もちろん、女性管理職を増やすことは目的でもゴールでもありません。しかし「女性管理職の登用・増加」のない女性活躍とは、一体何なのでしょうか。「女性が家事・育児・介護を担いながら、安い賃金で高い能力を発揮し、企業や社会に貢献すること」――それが、政府が描く女性活躍の真の姿だとしたら、あまりにも残念です。

「30％はハードルが高すぎる、非現実的だ」という声もよく聞きます。しかし、30％は意味のある数字です。ハーバード大学教授のロザベス・モス・カンター氏は「黄金の3割」理論をあげています。30％は、集団マイノリティがマイノリティでなくなる、クリティカル・マスと呼ばれる比率であり、意思決定に影響を及ぼすために必要な最低限の数字なのです。

多くの企業にとって30％はとんでもない数字だったでしょう。そのような中で2020 30に挑戦し、結果を出している企業も存在します。カルビーでは、2011年7.9％だった女性管理職比率が、2018年には26.4％にまで上昇しています。また、『東洋経済CSRデータeBook 2018ダイバーシティ推進編』（東洋経済新報社）によると、住友生命保険36.1％、パソナグループ34.9％、ファンケル31.8％、千葉銀行31.3％など、サービス業や小売業、保険・銀行業では３割を達成する企業も現れています。

この違いはどこにあるのでしょうか。製造業や建設業など、生産の現場を持ち、もともと女性が少ない企業にはハードルが高いことは事実です。そのような企業は、自社の現状に合わせた現実的な数値目標をつくっていましたが、実際にはその数字すら達成できていないという企業も少なくありません。

結局のところ、本気で取り組んでいるか、自社の１０年後、２０年後の将来像に向けた戦略として捉えているか、の違いではないかと考えます。経営戦略だからこそ、強いコミットメントに基づき、明確な目標設定のもと着実に実践し成果につなげるのです。政府目標である２０２０３０は達成できませんでしたが、ここで足踏みをしている時間はありません。このまま、女性管理職増加に手を付けなかったとしたら、１０年後あなたの組織はどのような姿になっているか、想像してください。最高の未来を手に入れたいならば、今すぐに取組みをスタートしましょう。既に準備のできている女性は増えています。

（３）女性と経済――改善の余地は大きい

「女性がＧＤＰを押し上げる主役となって、働き手としても消費者としても牽引する経済のあり方」をウーマノミクスと言います。１９９９年、ゴールドマン・サックス証券のキャシー・松井氏（現副会長）が提唱した考え方です。

それから20年。日本はどのように変化したのでしょうか。2019年の出生数は過去最低の86万4000人。一方、高齢化率（総人口に占める65歳以上人口の割合）は、28・0％と3割に迫る勢いです。少子・高齢社会による人口動態の変化は危機的状況にあります。

ゴールドマン・サックスが、2019年6月に発表した『ウーマノミクス5・0　20年目の検証と提言』の中で、キャシー・松井氏は「ダイバーシティについて、経済と企業が対応すべき喫緊の課題へと転換させたことは評価に値する」とする一方で、「変化が遅く改善の余地は大きい」としています。ダイバーシティ経営への意識が極めて低かった20年前と比較すると、「育児休業制度の拡充」や「女性活躍の見える化」「働き方改革の推進」などKPI（重点業績評価指標）を示し、積極的に取り組んできました。しかし、レポートを概観すると、遅々として進まなかった分野があまりにも多く、この20年間いったい何をやってきたのか、と暗澹たる気持ちを禁じ得ません。

例えば、共働き世帯は、専業主婦世帯の2倍以上となりましたが、6歳未満の子を持つ夫の家事・育児時間は、依然として先進国で最下位であり、男性の家事・育児・介護への参画は進んでいません。また、女性の7割が働く時代となりましたが、その半数以上は非正規のパートタイム労働者であり、女性管理職比率は30％に遠く及ばず、起業家に占める女性の割合も３割台を低空飛行したままです。男女の賃金格差に至っては、Ｇ７の中で最大、ＯＥＣＤ（経済協力開発機構）加盟国でも２番めに格差が大きくなっています。世界水準から最も遅れを取っているのが政治家の女性比率です。意思決定の場に女性がいないことの影響は計り知れません。

残された課題は山積みです。松井氏は、ウーマノミクス５・０の時代におけるジェンダーダイバーシティは、長期的な視点で取り組まなければならず、マラソンのようなものだと言います。企業・政府・社会の三位一体のアプローチが効果的かつ不可欠として、政府に対しては、より柔軟な労働契約形態の導入や、男女の賃金格差の開示、不平等を招く税制度の是正、議員クォータ制度の導入や、女性起業家の促進といったエンパワーメントの実現、家事支援／育児・保育人材の受入れ拡大のための入管規制緩和、女性の活躍に関する情報開示要件の強化、などを求めています。

また、企業に対しては、経営層の明確なコミットメントや、女性社員のキャリアマネジメント強化を提唱しています。特に重要なことは、成果に基づく公平な評価制度の導入や、女性に対し男性と同様の経験や機会を与え、育成することです。社会に対しては、女性活躍を阻害する誤った通説やアンコンシャス・バイアスの打破が不可欠としています。

女性の労働問題から「女性活躍」へ、そして「女性が牽引する経済」へと時代は変化しています。日本の経済成長を支える重要な人材として、女性の役割はかつてなく高まっています。今こそ、「女性と経済」の新しい関係を構築するときではないでしょうか。

（4）世界から突きつけられた要求

（a）首脳たちへW20からの提言

2019年3月23日、政府主催の第5回国際女性会議WAW!と同時開催されたW20東京サミットの朝。2019G20大阪サミットの議長国である日本政府に対して、W20よりジェンダー平等に関するコミュニケ（以下、共同提案という。）が手渡されました。

2008年から始まったG20は、世界20カ国の首脳が集まり、持続的成長と経済安定のための国際的な枠組みとして、毎年各都市で開催されています。参加国はG7（アメリカ、カナダ、フランス、ドイツ、イタリア、イギリス、日本）に加え、ロシア、中国、韓国、インド、インドネシア、オーストラリア、メキシコ、ブラジル、アルゼンチン、サウジアラビア、トルコ、南アフリカとEUで構成されています。G20は世界経済の85%、人口の66%を占めています。G20には各分野からG20リーダーに対して政策提言を行う八つの公式エンゲージメント・グループがあります。B20（ビジネス）、C20（市民社会）、L20（労働）、S20（科学）、T20（シンクタンク）、Y20（若者）、U20（都市）、そしてW20（女性）です。

W20は、2014年のオーストラリア・ブリスベンサミットで採択された「2025年までに、各国で労働力参加における男女間の格差を25%削減する」という、ブリスベン・ゴールをきっかけに、2015年G20トルコ・イスタンブールからスタートしました。エンゲージメント・グループは、G20リーダーに対して政策提言を行うことで、新たな国際経済秩序の形成に影響を与えています。

筆者は、2019W20Japanの運営委員の一員として、世界20カ国23億人の女性を代表し、首脳たちに手渡す共同提案を作成する場に関わる、という機会を得ました。

運営委員会では、これまでの議論の成果を各国の行動と結果に求めることを確認し、「Closing the Gender Gap For New Prosperity（ジェンダーギャップの解消を通じた新しい成長のカタチ）」をテーマに、労働、金融、デジタル、ガバナンスの四つを柱に話し合いを重ねました。共同提案の作成に当たっては、20カ国から（男性も含め）70名以上の代表団が集まり、前日の深夜まで長時間検討しました。20カ国の状況は実に多様で、政治、経済、宗教、女性の置かれた状況は大きく異なるため、様々な意見が飛び交います。多数決ではなく、しっかりとその意図や真意を確認しながら、すべての国が受け入れられる言葉を、一つひとつ確認しながら交渉が進められました。

すべての文言や数字に対して各国代表が合意したのは、真夜中午前1時。実に12時間に及ぶ話し合いの末、公式な共同提案を印刷し終わったのは、W20東京サミット当日の午前3時でした。個人的には、日本でも関心の高まっているLGBTへの言及が盛り込まれなかったことは残念ですが、採択された言葉や数字一つひとつの背景に、これだけの丁寧なプロセスがあるのだということを、身を持って実感しました。このような議論の末に作成された共同提案は、首脳たちの議論のもとに首脳宣言に盛り込まれ、今後の日本社会の女性活躍の大きな後ろ盾となるものです。

ここに、その全文を紹介します。

●W20Japan2019コミュニケ（仮訳）

私たち、Women20（W20）ネットワークの代表は、G20ブエノスアイレス首脳宣言に謳われた「ジェンダー平等は、経済成長及び公正で持続可能な発展のために極めて重要である」とする声明を全面的に支持します。私たちは、持続可能な開発目標（SDGs）の達成に向けて、女性と男性が協力してジェンダー格差の解消に取り組む必要性を改めて表明します。

日本が議長国を務めるG20において、人工知能（AI）を含む全ての新技術が社会のあらゆる領域に大きな影響を及ぼすことを鑑み、一人の女性も取り残さないように、W20はすべての新技術の包摂的で責任のある活用に特に注意を払います。私たちは、Ｇ２０の首脳に以下の提言に対して行動することを要請します。

１　労働もしくは雇用担当大臣に対し、２０２５年までに労働参加率における男女格差を２５％減らすという２０１４年のブリスベン・コミットメントに関する中間報告を２０２０年のＧ２０において提示するよう要請する。

２　労働市場における法的・社会的な構造上の障壁を取り除き、ジェンダー平等を達成するための解決策を提示する。

・雇用慣行のすべての側面におけるジェンダー平等を達成するために法的措置を講じ、履行する。特に、ＳＤＧｓに沿って、賃金、年金、その他の所得を含む、収入におけるジェンダー格差を解消するための施策をさらに実行する。

・質が高く、利用しやすい、安価な子どもと高齢者のためのケア・インフラの整備に公的資金を投資し、（家庭における）ケア責任の分かち合いを促すために有給育児休暇の義務化を促す。

・雇用主がジェンダー平等に資するエビデンスに基づいた施策を実行し、進捗状況を公表するよう動機付け、ディーセントで質の高い仕事と指導的地位に女性が増えるようにする。

3　デジタルにおけるジェンダー格差を解消し、女性がデジタルにおける権利を行使できるようにする。

・倫理を十分に考慮しながらデジタル技術のデザインと開発における女性の平等な参画を推進するための施策を直ちに取り、人工知能（ＡＩ）におけるバイアスのかかったデータセット、モデル、アルゴリズムによるジェンダー差別の増幅を防ぐ。

・すべての年代の少女と女性の科学、技術、工学、アーツ、数学領域（ＳＴＥＡＭ）への平等な参画を後押しする。

・都市部と農村部の女性に、安価で、信頼性のある、安全なインターネットとモバイルのサービスを提供する。

4　女性の金融アクセスを保証し、女性の起業を推進し、投資とマーケットへのアクセスを加速させる。

・経済資源と土地及び他の形態の財産、金融サービス、自然資源の所有権と管理における女性の平等な権利を保証する。

・ｅコマースを含む、女性が経営する企業のビジネス、金融、デジタル能力を強化するための政策枠組みと行動計画を策定する。

・公共調達において、女性が主導し、女性が所有するビジネスによる受注割合をそれぞれの国の状況を考慮しながら、最低でも１０％は増やすための条件を整える＊。

・投資家が投資分析や投資に関する意思決定にジェンダー要素を積極的に導入するようなインセンティブを構築する。

５　ジェンダー・ステレオタイプと無意識のバイアスをなくすためにジェンダー平等に関する学校や職場での教育や生涯教育を推進する。

６　ソーシャル・メディアを含む、公的及び私的領域における女性と少女に対するすべての形態の暴力を根絶する。

・すべての領域での女性と少女に対するあらゆる形態の暴力を根絶するための効果的な法的枠組みを構築し、司法アクセスを保証し、法の執行を強化する。

・ＩＬＯから提案されている仕事の世界における暴力とハラスメントの根絶に関する条約と勧告の採択を支持し、女性に対する暴力に関連した国際諸条約の批准を求める。

７　ジェンダー平等を達成するための効果的で透明性の高いガバナンス及びアカウンタビリティのメカニズムを構築する。

・国際機関、国内の連携団体、Ｗ２０と協力しながら、ジェンダー平等に関するＧ２０共同宣言の実施状況を監視するための仕組みを構築し、定期的に進捗状況を報告する。

＊　最低でも１０％を増やすというのは、各国の状況の応じた改善を意味する。

・２０３０年までに官民セクターのリーダーシップ及び意思決定における男女同数を達成するという目標に向けて、Ｇ２０の枠組みにおいて、共同で進捗状況を監視する。
・法律、基準、政策のジェンダー・インパクト評価を行うために、ジェンダー平等の国内推進機構（ナショナル・マシナリー）の権限と能力を強化する。

（ｂ）　２０１９Ｇ２０大阪首脳宣言

２０１９年６月２９日に開催されたＧ２０大阪サミットで出された首脳宣言では、Ｗ２０の提言のほぼすべての内容が反映されました。これまでの首脳宣言にはなかった「ウィメンズ・エンパワーメント」という独立した項目があることは注目に値します。

Ｗ２０では、宣言だけではなく、具体的な行動や進捗管理など各国のガバナンスを強く求めてきましたが、２０２５年までに、男女の労働参加率のギャップを各国が２５％縮小する「ブリスベン合意」について、年次での進捗と行動をＧ２０首脳レベルで各国が共有することが初めて盛り込まれました。宣言だけではなく、一国のリーダーである首脳たちが本気で政策にコミットし、実践することで社会が変わっていくのです。女性の経済的エンパワーメントの重要性について、包括的かつ踏み込んで言及があったことは、Ｗ２０にとって大きな成果と言えます。

また、「女性の経済的代表性のエンパワーメント及び向上（ＥＭＰＯＷＥＲ）」のための民間部門の新たなアライアンスの立ち上げについても言及されました。さらに、「女性のエンパワーメントに関する首脳特別イベント」においては、マキシマ・オランダ王妃（開発のための金融包摂に関する国連特使）から、首脳宣言の実行を支援する新たな枠組みについても言及がありました。一過性に終わらない組織づくりが提案されたことは、歓迎すべきことです。２０２０年のサウジアラビア・リヤドで開催されるＧ２０で、さらなる成果が報告されることを期待します。

この首脳宣言は、今後わが国の各省庁や経済団体の政策立案に反映され、各企業・団体においてもこの内容を周知し、歩調を合わせた施策の展開が求められることになります。以下に、２０１９Ｇ２０大阪首脳宣言の抜粋を紹介します。

●２０１９Ｇ２０大阪首脳宣言（抜粋）

＜女性のエンパワーメント＞

２２　ジェンダー平等と女性のエンパワーメントは、持続可能で包摂的な経済成長に不可欠である。我々は、我々の政策のあらゆる側面において、かつ今後のサミットにおける横断的な課題として、これらの重要性を再確認する。我々は、２０２５年までに労働力参加における男女間の格差を２５％削減するとのブリスベン・ゴールに向けて更なる進捗が得られたことに留意する。我々は、国際労働機関（ＩＬＯ）及びＯＥＣＤが作成した「Ｇ２０諸国における働く女性」進捗報告書に留意し、我々の努力を加速化させる必要性を認識する。労働雇用大臣による継続的な努力に立脚して、我々は、当該年次報告書を基礎として、女性の雇用の質を含め、ブリスベン・ゴールに向けたＧ２０における各国の進捗及び行動を交換する。我々はまた、女性の労働市場参加に対する主要な障害となっている、無償ケア労働におけるジェンダー格差にも取り組む。我々は、女性の雇用の質を改善し、男女の賃金格差を減少させ、女性に対するあらゆる形態の差別を終わらせ、固定観念と闘い、女性を平和の代理人として、また、紛争の予防及び解決において、認識するために更なる行動を取ることにコミットする。

２３　我々は、質の高い初等・中等教育の提供、ＳＴＥＭ（科学、技術、工学及び数学）教育へのアクセスの改善及びジェンダーに関する固定観念の排除に向けた意識向上を含め、女児・女性教育及び訓練への支援を継続することにコミットする。デジタル面におけるジェンダー格差を埋めるため、我々は引き続き、貧困層及び農村部の女児・女性のニーズに焦点を置きつつ、彼女たちのデジタル技術へのアクセスを向上させる。我々は、デジタルの文脈におけるものも含め、あらゆるジェンダーに基づく暴力、虐待及びハラスメントを根絶するために措置を講じることの重要性を再確認する。我々は、とりわけ民間部門による、女性の管理職及び意思決定に関わる地位へのアクセスを促進し、女性のビジネスリーダー及び起業を育成するための取組みを歓迎する。我々は、女性の起業を促進するため、技能開発を支援し、資金へのアクセスを提供する取組みの重要性を再確認し、アフリカを含む開発途上国における女性の起業を支援するための女性起業家資金イニシアティブ（We–Fi）の継続的な実施を歓迎する。我々は、管理職や意思決定に関わる地位にある女性の数を増やすための措置を取る企業の認識や、ジェンダーに対応した投資を含む民間部門による取組みを奨励することの重要性を認識する。我々は、「エンパワーメントと女性の経済代表性向上（EMPOWER）」のための民間部門アライアンスの立ち上げを歓迎し、同アライアンスに対して、民間部門における女性の進出を唱導することを求め、今後のサミットにおいて、その進捗を評価し、その具体的な取組みを共有する。

3.1.2　「ジェンダーの主流化」を実現する世界

(1)　ジェンダーギャップの解消を通じた新しい成長のカタチを

『我々は、次の柱に焦点を当てた。すなわち、仕事の未来、開発のためのインフラ、持続可能な食料の未来、そしてG20のアジェンダ全体としてジェンダーを主流化する戦略である。』

2018年、アルゼンチン・ブエノスアイレスでの、20カ国首脳宣言の冒頭に明記された言葉です。

「ジェンダーの主流化」とは、特定分野で女性に配慮するのではなく、G20の政策全体に女性視点を入れることを意味します。共同宣言の冒頭に記載されたことは、G20各国の首脳が、「ジェンダーの主流化」をG20全体の重要な戦略と位置付け、強くコミットしたからにほかなりません。2018年カナダ・シャルルボワG7では、議長国トルドー首相の肝入りで「ジェンダー平等諮問委員会」が設置され、2019G7議長国フランスのマクロン大統領も、ジェンダー平等に積極的に取組み、フランス・ビアリッツで開かれたG7では、「ジェンダー平等に関するパリ宣言」が採択されました。世界はジェンダーの主流化＊へと大きく動いています。

(2) 世界に約束された「女性のエンパワーメント」

W20は、G20の首脳たちに対して提案内容の進捗状況と達成度を共有していくことや、女性のエンパワーメントのために具体的な支援策を検討し実施することなど、実効性を強く求めました。その要求どおり、G20大阪首脳宣言では、「女性のエンパワーメント」

という項目の中で、ほぼすべての内容を採択し詳しく記述しています。特に、２０２５年までに男女の労働参加率のギャップを各国が２５％縮小する「ブリスベン合意」ついては、年次での進捗と行動をＧ２０首脳レベルが責任を持って監視し、各国が共有することが初めて盛り込まれました。

女性のエンパワーメント原則〔Women's Empowerment Principles（以下、ＷＥＰｓという。）〕は、企業がジェンダー平等と女性のエンパワーメントを経営の核に位置付けて、自主的に取り組むために、２０１０年3月に国連グローバル・コンパクト（ＧＣ）と、国連婦人開発基金（ＵＮＩＦＥＭ）（現ＵＮＷｏｍｅｎ）が共同で作成したものです。

この原則は、次の七つから成り立っています。

①　トップのリーダーシップによるジェンダー平等の促進
②　機会の均等、インクルージョン、差別の撤廃
③　健康、安全、暴力の撤廃
④　教育と研修
⑤　事業開発、サプライチェーン、マーケティング活動

＊　ジェンダーの主流化（ジェンダーメインストリーム　政策決定過程やあらゆるレベルの政策及びシステムをジェンダー平等にするための政策理念）

⑥　地域におけるリーダーシップと参画
⑦　透明性、成果の測定、報告

G20大阪においても、この原則がしっかりと認知され、施策に反映することが約束されたと言えるでしょう。

（3）　女性リーダー30％は必達目標

男女平等先進国のフィンランドでは、女性のリーダーは珍しくありません。それでも2019年に誕生した、歴代3人目となる34歳の女性首相は、現職で世界最年少の首相として、注目を集めました。新しい内閣は女性12人、男性7人、平均年齢47歳という陣容です。世界では、これまでに60人以上の女性が大統領や首相を務めています。彼女たちが一国のリーダーを担っているのは、決して「女性だから」ではありません。女性が当たり前に政治の世界で活躍する土壌があり、スキルや才能が重視される価値観が共有されており、年齢や性別に関係なく能力を発揮できる社会が実現されているからです。

10年ぶりの政権交代を果たし、2015年、カナダの新しい首相となったトルドー首相は、閣僚30人のうち半分の15人の女性を登用し、話題となりました。なぜこれほどまでに「男女平等」を重視したのか、と聞かれたトルドー首相は、肩をすくめこう切り返したそうです。

「Because it's 2015！（だって、もう2015年じゃないか！）」

日本も、早くそういう国になってほしいものです。

「なぜ、女性リーダーを30％にする必要があるのか？」「だって、もう2020年じゃないですか」

3・1・3　女性活躍はHowの時代

（1）「なぜやるか」ではなく「どうやるか」

日本の人口動態の危機的状況は、外国人労働者の受入れだけで解決できるものではなく、女性の雇用・労働の拡大・充実なくしては、経済どころか国の存続すら危うい状況にあります。遅々として進まない現状ですが、それでも、前出のキャシー・松井氏は、「ジェンダーダイバーシティを促進する重要な二つの追い風が吹いている」と言います。それは、ESG投資の飛躍的成長と、日本の若年層の姿勢の変化です。

投資の世界ではESG（環境、社会、ガバナンス）に対する関心が急速に高まっており、投資家は既に経営陣や取締役会の女性比率に着目をしています。「モノ言う投資家」は、ウーマノミクスの効果を一番に感じているのです。また、ミレニアル世代＊や若年層は、既に

＊ 主に1981年から1996年に生まれた2000年以降に成人を迎える世代。

ジェンダーダイバーシティに前向きな方向に転換しており、その動きは日本全体に広がっています。

ジェンダーダイバーシティは、「なぜやるの？」と理由を考えたり「やるか、やらないか」の選択をするという問題ではなく、「どうやればいいの？　取るべき行動は？」という、戦略、行動が求められるフェーズに入ったと言えるでしょう。

（2）女性活躍の三つのアプローチ

では、どのようなやり方が効果的なのでしょうか。ここでは、三つのアプローチでその取組みを考えていきます。

（a）フェアな育成を行う

まずは、女性・男性と属性で見るのではなく、個々の能力やスキル、資質に着目して公平に評価・育成することが重要です。女性に対してフェアな育成をするためには二つの視点に留意することが大切です。

一つは第5章で詳しく取り上げる「アンコンシャス・バイアス」に自覚的になり、きちんと対処することです。二つめは、「ポジティブ・アクション（積極的格差是正措置）」を正しく理解し、導入することです。女性のみにリーダー育成研修を行ったり、女性を管理職に登用することに対して「逆差別だ」とか、「ダイバー昇進だからね（能力が伴わないのに女性活躍として昇進させた）」「下駄を履かせてもうまくいかない」と、批判したり揶揄するような声を聞くことがあります。意義が正しく理解されていない状態で施策を進めると、このような誤解や否定的な意見が出てくるのです。

ポジティブ・アクションとは、不平等な状態が先にあり、それを公正にするための特別措置として位置付けられたものです。「平等（Equality）」と「公正（Equity）」の違いを考えるとよいでしょう。平等は同一、全員に同じものを与えることです。一方で、公正はフェアネスとも言い換えられます。「それぞれの差異や来歴の違いを考慮した上で、人々が同じ機会にアクセスできるようにすること。公平で偏っていないこと」を意味します。昇進・昇格・異動・育成など、キャリアを積む様々な機会において、無意識の偏見・思い込みに自覚的になり、男女にかかわらずフェアな関わりをしているか、という視点で施策やマネジメントのありようを、見直してみてください。

（b）ケアする際の留意点

働く女性にとって、結婚・妊娠・出産・家事・育児・夫の転勤など、ライフイベントとどのように向き合っていくかは、いつの時代も大きな課題でした。長く働く女性が増えたことで、不妊治療、家族の介護、自身の疾病なども新たな問題として浮上しています。このような問題を解決・支援するために、企業は、育児・介護休業制度をつくったり、有給休暇の取得奨励、配偶者同行制度、職場復帰支援の充実など、様々な施策を整備してきました。施策の充実が仕事と生活の調和をもたらす一方、近年では、行き過ぎた配慮や無計画な取得が、女性のキャリアやモチベーションに悪影響を与えることも指摘されています。

育児や介護など時間制約がある中で働く際に生じやすいロス（損失）には、三つの要素があります。

・所得ロス……育児休業、介護休業、短時間勤務などを取得することで所得が減少する。
・業務知識ロス……日々業務が変化する中で、経験や機会が減少し、新しい業務知識にアクセスできない、知らないことが増えていく。
・キャリアロス……育児休業・短時間勤務などを取得し働く時間が短くなることで、昇進や昇給がマイナス評価されるなど悪影響が出る。

例えば、育児中の女性に対して、仕事の役割や責任範囲を固定化し、長期にわたり短時間勤務を適用することは、本人のモチベーションダウンにつながったり、機会損失を招いたり、キャリア構築に影響を与える可能性があります。特に、会社側が手厚い制度を提供したり、上司が良かれと思って配慮したことが、逆に悪影響を及ぼすこともあるのです。

だからこそ、単に制度をつくるだけでなく、一人ひとりの育成や成長を視野に入れ、どのように運用していくのかを考える必要があります。せっかく採用した人材の流出やモチベーションダウンを招かないためにも、状況に応じて、働く場所や働く時間、働き方など柔軟な選択ができる組織づくりを目指しましょう。

（c）　キャリア形成はステージごとに

女性のキャリアは、それぞれのステージごとに考えることが効果的です。女性が仕事を続ける上で壁が多いことは事実ですが、その壁を越えてキャリアを高めていくために何が必要か、そのヒントを紹介します。

① **スタッフ期**　入社から5年目までは、いわゆるスタッフ期。多様な経験を積ませ、小さくても最後まで仕事を一人でやりきる達成感や、充実感（小さな成功体験）を得ることが重要です。結婚・出産などのライフイベントに悩み出す前に、仕事の充実体験を持つことで「仕事軸」が太くなっていきます。自律的なキャリア意識を持つような働きかけが重要となります。

② **中堅期**　次の１０年、３０代は管理職候補から管理職に移行する重要な時期です。ライフイベントと重なることも多く、女性は異動や配置転換が減少する傾向にあります。この時期は2年を1単位としたジョブローテーションを計画的に行い、成長実感を醸成することが重要です。また、インポスター症候群に注意します。インポスターとは「詐

す。

欺師」という意味で、自分で自分を過小評価する心理状態を言います。これに捉われてしまうと自らの可能性を閉ざしたり、チャレンジをあきらめてしまう傾向があります。周囲の励ましや勇気付けが力となるので、メンタリングなどによる早期育成も効果的で

③　リーダー期　いよいよ管理職として活躍する時期ですが、ここではさらに上の役職へと続く、リーダーシップパイプラインを明示していくことが重要です。上位職になるためには、実際の仕事における修羅場体験（試練を乗り越える仕事体験）や、自社のビジネスの中核的な能力に特化したプログラムを提供し、成果を出せるような育成が重要となります。また、女性自身が行動の妨げとなる自分への思い込みや固定観念を払拭し、自分のリーダーシップに対する揺るぎない信頼を持つことが必要となります。

女性がエグゼクティブ（役員クラス）に昇進するためには、成果を出すだけでは十分ではありません。リクルートワークス研究所の機関誌『Works』１２３号の特集『女性リーダー育成　半歩先いく世界のリアル』の中で、スイス再保険のジョインソン・ロマンツィーナ氏は、昇進に必要な三要素ＰＩＥについて紹介しています。それは、「Performance（成果）」「Image（イメージ）」「Exposure（露出＝影響力のある意思決定層に知られ、出会う機会を獲得すること）」です。残念ながら今の日本企業においては、自分が信頼できる、役職にふ

さわしい人物である、というイメージを確立するために、女性自身が露出を増やす行動をしたり、印象付けようとすると、逆効果になる場合があります。また、自分を支援してくれる意思決定層に出会う機会はそう多くはありません。だからこそ、上司や影響力のある支援者の導きが不可欠となります。

ダイバーシティを積極的に推進するカルビーでは、意識的にサクセッションプログラムを導入しています。「サクセッションプログラム」とは、重要ポストの後継者候補を確保し、次世代リーダーとして育成することを目的とした後継者育成計画を意味します。無理にでも各地域事業本部から後継者候補の女性をあげてもらい、検討会等でその女性の強みや特性を紹介し育成方針を語ってもらうと言います。そうすることによって、女性サクセッサー（後継者）の名前が役員に認知され、外部研修などに推薦されるなど育成機会が増える効果があると言います。

意識的に女性の役員を増やしたいならば、メンターシップだけではなく、スポンサーシップを意識して、女性のリーダーシップパイプラインの水漏れが起こらないよう、組織としてもしっかり対処する必要があるでしょう。

3・2　日本の女性活躍はどう変化したか

3・2・1　「結婚退職」の昭和から、「働き続ける」平成へ

昭和から平成、令和へと時代が変遷する中で、働く女性の状況は、どのように変わってきたでしょうか。改めて、その動きを振り返ると、前進したこともあれば、未だに過去の制度を引きずり、時代遅れになってきたこともあるようです。

(1)　現実を後追いする法整備

(a)　男女雇用機会均等法――当たり前に働く時代へ

職場における男女の差別を禁止する、男女雇用機会均等法が施行されたのは1986年、昭和の終わりでした。当時の女性の就業率は低く、20代後半から30代にかけて労働力率が著しく減少する、いわゆる「M字カーブ」を描いており、30～34歳女性の就業率は48・4%と5割に満たない状況でした。それから約30年後の2018年、15～64歳女性の就業率は69・6%に達し、M字カーブの底は35～39歳に移動、その比率も74・8%と過去最高となりました。女性の平均初婚年齢や第一子出生年齢はさらに上昇し、2016年にはそれぞれ29・4歳、30・7歳となっています(図3・2)。

法律の動きを見ると、1991(平成3)年育児休業法、1993(平成5)年パートタ

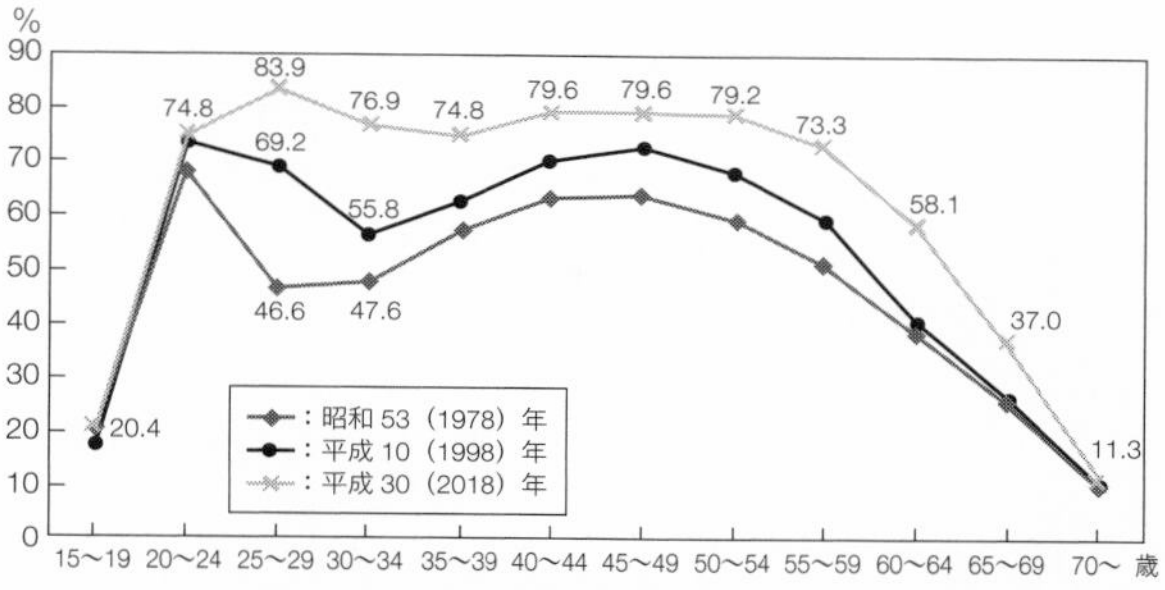

備考 1．総務省「労働力調査（基本集計）」より作成．
2．労働力率は，「労働力人口（就業者＋完全失業者）」/「15 歳以上人口」×100．

図 3.2

出所　内閣府『男女共同参画白書 令和元年版』第２章 第３図 女性の年齢階級別労働力率の推移
http://www.gender.go.jp/about_danjo/whitepaper/r01/zentai/html/zuhyo/zuhyo01-02-03.html

イム労働法、２００３（平成１５）年次世代育成支援対策推進法、２０１５（平成２７）年女性活躍推進法と、次々に整備されていきました（表３・１）。平成という時代は、働く女性の急速な増加を受けて、後追いするように法律が整備されてきたことがわかります。特に２０１７年に施行された女性活躍推進法は、それまでの女性への差別禁止や、働きやすい環境を整備するという消極的な内容から、女性がその個性と持てる能力を十分に発揮し活躍できる環境整備を強く求める内容へと、大きく前進するものでした。

平成の時代、結婚しても出産しても辞めない、もはや女性が働くことは当たり前の時代となったのです。令和の時代は、このように働き続ける女性たちが、結婚していてもいなくても、子どもがいてもいなくても、差別や区別を受けることなく、その能力をその人らしく発揮するために、一歩先取りする法制度を整備して欲しいと強く願っています。

表3・1

1986（昭和61）年	男女雇用機会均等法
1991（平成3）年	育児休業法
1993（平成5）年	パートタイム労働法
1995（平成7）年	育児介護休業法
1999（平成11）年	男女雇用機会均等法改正（セクハラ防止配慮義務、ポジティブ・アクション創設）
1999（平成11）年	男女共同参画社会基本法
2003（平成15）年	次世代育成支援対策推進法（一般事業主行動計画義務（301人以上））
2006（平成18）年	男女雇用機会均等法改正（セクハラ防止措置義務に男性追加）
2014（平成26）年	次世代育成支援対策推進法改正（時限立法を2024年まで延長）
2015（平成27）年	育児・介護休業法改正（妊娠・出産・育児休業などに関するハラスメントの防止義務追加）
2015（平成27）年	女性活躍推進法（事業主行動計画の策定・届け出義務　2026年までの時限立法）
2016（平成28）年	男女雇用機会均等法改正

２０１７（平成２９）年	育児介護休業法改正（育児・介護休業の柔軟な取得促進）
２０１９（令和元）年	女性活躍推進法改正（３００人以下事業主行動計画策定・届け出義務の追加）
２０２０（令和２）年	パートタイム・有期雇用労働法
２０２０（令和２）年	労働施策総合推進法（パワハラ防止義務）

（b）女性活躍推進法――活躍できる環境整備へ

企業の女性活躍推進の取組み状況を見ると、女性活躍推進法成立の影響は、やはり大きいものがあります。その特徴は、事業所に対して行動計画の策定と情報開示を義務付け、その情報をデータベース化し、女性活躍を徹底的に見える化し、さらに企業表彰というインセンティブを活用しながら、成果に結び付けるというものです。現在の登録企業数は１万１４６８社（データ公表企業）、１万４２６７社（行動計画公表企業）となっています。

この取組みに優良な企業は、三段階基準の「えるぼし認定」を受けることができ、認定を受けた企業は、認定マークを宣伝に利用したり、公共調達における加点評価、日本政策金融公庫による低金利融資の対象にもなります。企業表彰制度には、これまでも子育て支援企業を認定する「くるみん」や、「プラチナくるみん」、均等・両立推進企業表彰などがありましたが、認定によるインセンティブを明確にした点は、行動計画策定の動機付けにもなっています。ダイバーシティ経営や女性活躍推進の取組み状況を、データベースにし公開することで、一般の人も容易にアクセスできるようになり、気軽に情報をチェックすることができるようになりました。また、表彰企業の取組みからは様々なベストプラクティス（好事例）を学ぶことができ、ダイバーシティ後進企業にとっても有益な情報を得ることができます。

（2） 残された格差を解消する

（a） 縮まらない賃金の男女格差

女性が当たり前に働く時代。未来に向けてどうしても解消しておかなければならない問題の一つが賃金格差です。

総務省の労働力調査によれば、2018年の非正規雇用者数は2120万人。前年比で84万人の増加であり、雇用者全体（5605万人）の37・9％を占めています。非正規雇用者の約7割は女性で、その割合は1985（昭和60）年以降ほとんど変わっていません。また、働く女性の非正規雇用の割合は、女性全体の56・1％と半数を超えています。不本意に非正規雇用に就いている女性は129万人に上ります。

共働き世帯が増え、男女が共に働く時代になったとはいえ、まだまだ「家事・育児の責任は女性が担うもの」という意識が社会の中に根強く残っています。そのことが女性の就労意欲や機会に影響を与えたり、男女の賃金格差を生む要因の一つにもなっています。

ＯＥＣＤ（経済協力開発機構）の最新データによると、加盟国の中で給与格差が大きい国は、１位韓国、２位エストニア、そして3位に日本がランクインしています。男性一般労働者の給与水準を１００とすると、女性一般労働者は７３・３。平均で２６・7ポイントの差があるのです。厚生労働省が発表する「賃金構造基本統計調査」によると、男女の賃金格差は既に入社時点から始まっており、勤続年数が長くなるにつれて格差が拡大し、最も格差が開く５０～５４歳では６３・5ポイントにもなります（図３・３）。

大和総研研究員の菅原佑香氏は、その理由を次のように分析しています。

①　男性管理職の部下育成の熱心さと困難な仕事の与え方に男女で差があり、それが成長機会の男女差となり賃金格差につながっている。

②　総合職・一般職というコース別雇用管理制度により、賃金水準が低く昇進の機会の少ない一般職に女性が多く従事している。

③　所定内供与に含まれる家族手当などが、主たる生計者（男性）に支給されることが多い。

女性活躍やダイバーシティ推進で大きな成果を上げている、カルビーの松本晃会長（当時）は、２０１7年の世界女性サミット東京大会において、次のように発言しています。

『若い女性を低賃金で雇用し、結婚退職で入れ替えるという雇用体質が、９０年代まで続いたことが問題。従業員を約束と結果責任で評価すること。昇進の仕組みをシンプルにすることで女性活躍を後押ししている。日本の企業は、伝統的なシステムを変えていかなければならない。』

日本の給与水準は、女性だけでなく男性を含めても、先進国でも最低レベルにあると言われています。女性が辞めなくなった時代。女性を男性と同様に育成し、正当な報酬をという意識なくしては、女性のみならず男性も含めて優秀な人材ほど、どんどん流出してしまうのではないでしょうか。

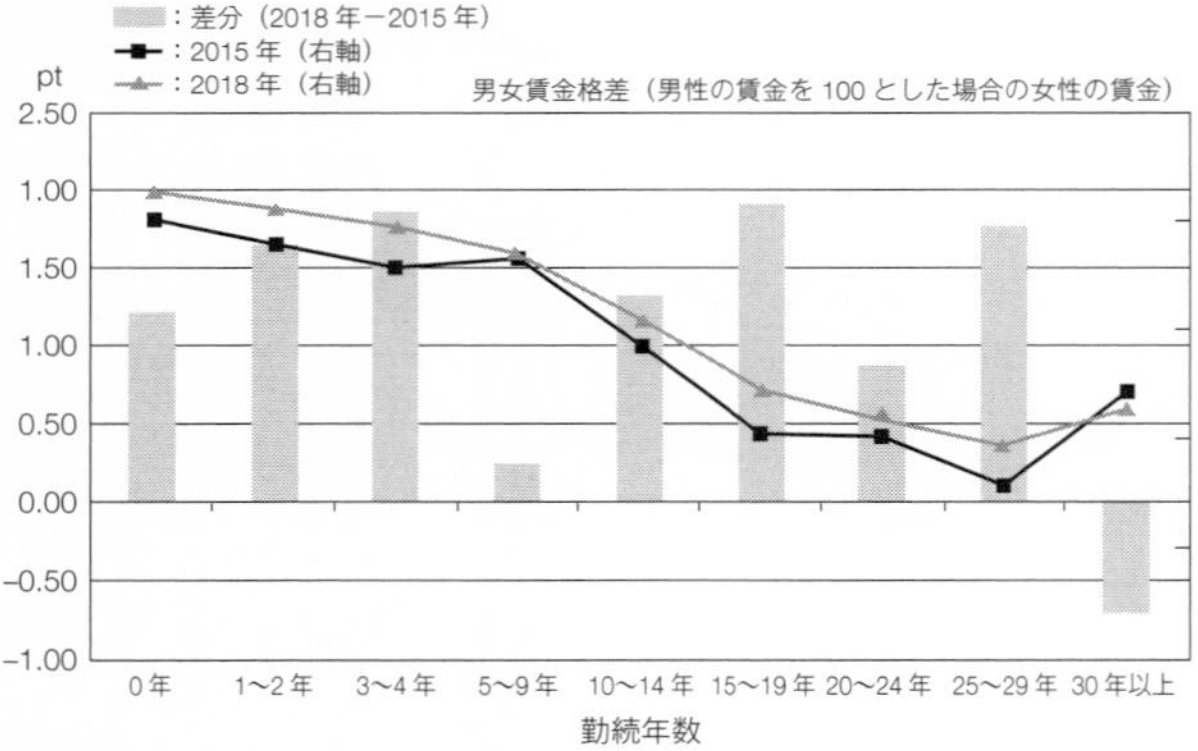

図 3.3　勤続年数別に見た正規雇用者の男女間賃金格差（2015年，2018年）

出所　厚生労働省「賃金構造基本統計調査」より大和総研作成.
PRESIDENT Online　大和総研研究員　菅原 佑香氏
『なぜ日本では「男女の賃金格差」がまだあるのか』2019/08
https://president.jp/articles/-/29622?page=2

（b）同一価値労働同一賃金が拓く可能性

２０２０年４月より施行される、パートタイム・有期雇用労働法（旧名称　パートタイム労働法）は、同じ仕事をする正社員とパートや契約社員、派遣社員などの非正規労働者との間で、基本給や賞与などのあらゆる待遇の不合理な格差を禁止することを定めた法律です。

そのポイントは次の三つにあります。

① 雇用形態の違いによる不合理な待遇差の禁止規定の整備
② 同一労働同一賃金ガイドラインの整備
③ 待遇に関する説明義務の強化

とりわけ、同一労働同一賃金が明記されたことは大きな前進です。日本では、長らく正社員と非正規社員の間には、「身分」のような待遇格差がありました。同じ仕事内容、同じ時間働いていても、雇用形態の違いによって、賃金や処遇などに不当な差があったのです。女性が圧倒的に多い非正規雇用の問題は、女性差別の問題とも言えます。１９９６年、パート労働者への賃金差別の是正に関わる重要な裁判判決が下されました。長野県丸子町の自動車部品メーカーで働く２８人の女性臨時社員が、既婚女性であることを理由に「臨時職員」とされ、正社員と同じ仕事、同じ労働時間なのに賃金は正社員の６割しかないのは不当だとし、会社に賃金格差の是正と支払い求めたのです。判決ではその違法性を認め、原告らは後に実質的な正社員化を勝ち取りました。

近年では、男性の非正規社員が原告となり、均等待遇や不当な賃金格下げなどについて裁判を起こすケースも相次いでいます。女性問題の象徴でもあった賃金格差は、男女間、正規・非正規、世代にまたがるすべての人が関わる社会課題となっています。

（c）職能給から職務給へ

同一労働同一賃金のねらいは、均等・均衡待遇原則に基づき、正社員と非正規社員の不合理な格差を解消することにあります。均等待遇とは、働き方が同じであれば同一の待遇をすること、均衡待遇とは働き方に違いがあれば違いに応じてバランスを取って待遇差を解消することを意味します。具体的には、これまで不明瞭だった非正規社員の評価や昇給の仕組みを整備したり、正社員と同等に福利厚生、キャリア形成・能力開発などの対象として扱うことなどが盛り込まれています。

同一労働同一賃金の導入は、正社員の働き方にも影響を及ぼします。日本ではこれまで、メンバーシップ型雇用を前提に職能給を支払う、という考え方が一般的でした。メンバーシップ型は、日本型雇用慣行とも言われ「新卒一括採用」「終身雇用」「年功序列」を中心に、長く働くことを前提とした仕組みです。メンバーシップ型雇用における職能給は、「人」そのものを評価対象として、人の評価に応じて給与を決めるやり方です。組織内で人を育てることを前提に職務能力・経験に欠ける若者を雇用したり、仕事がなくなっても配置転換などにより雇用を確保するなど、組織内で柔軟にキャリアの幅を広げられるというメリットがありました。

同一労働同一賃金を導入するということは、「職能給」から「職務給」への移行を意味します。職務給は、ジョブ型雇用を前提とした考え方で、「仕事」そのものを評価対象とし、業務の種類や成果によって社員の給与が決まるものです。ジョブ型雇用は、一言で言うと「仕事に人を付ける働き方」を言います。勤続年数や年齢にかかわらず、与えられた職責と成果によって給与が増減したり、配置転換や職種変更によっても変化します。

今後は、正社員だから、男性だから、残業しているから、勤続年数が長いから給与が上がる、という時代ではなくなるでしょう。性別にかかわらず、職務遂行能力への評価が高まり、「賢く濃く働く」ことが求められるようになります。パートタイム・有期雇用労働法の施行は、正規社員が自らの働き方を見直すことも迫っていると言えそうです。

(d) 職務の価値に焦点を当てた同一価値労働同一賃金

なお、「同一労働同一賃金」の先には、「同一価値労働同一賃金（ペイ・エクイティ）」があります。仕事が異なっていても、その価値が同一または同等の仕事を行っているならば、性別にかかわらず同じ賃金を支払うことを求める原則です。看護師や保育士、介護士のように女性が多い仕事の賃金は、一般的に男性が多い仕事に比べ低く抑えられていました。「女性がする仕事は賃金が低くて当然」と、性別的役割分業が賃金の格差に結び付いている現状を見直すために出てきた考え方です。

筆者は１９９７年に、カナダ・オンタリオ州の「ペイ・エクイティ法」の現状を視察したことがあります。この法律の目的は、女性が多い職業の賃金における組織的な性差別を是正することにあります。女性職と男性職、それぞれの「職務の価値」に焦点を当て、①知識・技能、②精神的・肉体的負荷、③責任、④労働環境という四つの職務評価の要素から労働価値評価を行うよう義務化しています。分析や評価は、あくまでジェンダーニュートラル（性に中立）に行うことが前提であり、その職務に「誰が」従事しているかではなく、職務そのものの質と量の評価を行い、差別をなくすというものです。

ペイ・エクイティの原則は、１９５１年には、ＩＬＯ１００号条約（同一価値の労働についての男女労働者に対する同一報酬に関する条約）として採択され、日本政府も１９６７年にこの条約を批准していますが、本格的な議論には至っていません。

ジョブ型雇用が中心の先進諸国では当然である「同一労働同一賃金」ですら、ようやく導入された日本において、同一価値労働同一賃金の議論を起こすには、まだまだ時間がかかりそうです。しかし、世界にはこのような考え方で格差をなくすために取り組んでいる国がある、ということを理解しておきたいものです。

ともあれ、同一労働同一賃金制度の導入は、性別や年齢、国籍といった属性や、育児中・介護中であるという事情にかかわらず、一人ひとりの能力やスキル、経験を可視化し、それぞれの役割期待と成果に応じた報酬のあり方を考える第一歩となるでしょう。

（3）キャリアの迷宮から抜け出すために

（a）一般職・コース別雇用管理制度の廃止を

また、男女の賃金格差の要因の一つになっているのが、総合職・一般職という「コース別雇用管理制度」です。この制度が女性のキャリア形成に与えた悪影響は大きいものがあります。公益財団法人21世紀職業財団の『「一般職」女性の意識とコース別雇用管理制度の課題に関する調査研究―一般職女性の活躍に向けて』（2017年）（以下、コース別人事制度調査という。）によると、1986年の男女雇用機会均等法施行を受けて導入されたコース別雇用管理制度は、2012年時点で従業員5000人以上の企業では46・8％と約半数が導入していました。

コース別雇用管理制度は、男性は総合職、女性は一般職といった区分けをしたり、一部の女性を総合職採用とし、幹部候補社員として育成するというものです。一般職女性の職務内容を限定し、経験を積ませなかったり、期待や育成が不十分であったり、総合職女性には男性と同様の働き方（長時間労働・休日出勤・出張・全国転勤等）を求め、出産・育児に直面した総合職女性が結果として辞めていく、という問題を当初から含んでいました。

２００５年には、住友金属工業裁判において、高卒事務女性職員４名がコース別雇用管理による差別を訴え、賃金格差の是正と慰謝料が認められました。

前述のコース別人事制度調査に関わった、法政大学経営大学院教授の高木春夫氏は、その問題を「経路依存症」と「不平等契約」というキーワードで説明しています。経路依存症とは、一度「制度」がつくられると、その後ゼロから制度をつくり直すことをせず、既存制度に修正を加えながら、次の時代に持ち込まれていく、というものです。経路依存症が強いと修正後の制度は妥協の産物になりやすく、完全解にはなりません。また、コース別雇用管理制度は、会社が社員の処遇（配置、育成、報酬など）について規則化したものであり、雇用条件に関する契約と理解できます。一方で、明確な契約文書があるわけではなく、会社にとって都合のいい不明瞭で不公平な部分が残されている、「不平等契約」の側面が強いというのです。女性活躍推進法が施行された現在、本気で女性を活躍させるためにも、このような不合理な制度は廃止することが望ましいと考えます。

今こそ「経路依存症」を断ち切り、昭和の遺物ともいうべき「コース別雇用管理制度」から決別し、新たな人事コースを構築するときではないでしょうか。

（b）　職域拡大と継続的なキャリア支援

コース別人事制度の廃止に踏み切ったり、検討している企業の中には、長く一般職として働いてきた女性を、今後どのように活躍させればよいのか、と悩んでいる企業も少なくありません。元来、育成対象としてこなかったため、スキルや経験が十分でなかったり、生産性やモチベーションにもばらつきがあるのは事実です。コース別人事制度調査では、一般職女性や総合職に転換した旧一般職女性に対するインタビューやアンケート調査から、次のように提言しています。

①　職域の拡大を図り、能力の伸長を促そう。

・職域拡大と異動を促す。
長期間同じ仕事をしている女性には、意図的に仕事の担当替えをし、少しずつ難易度の高い仕事を与えるなど刺激を与え、スキルアップを図る。

・上司の育成方針が不可欠
仕事の幅を広げたり、難しい仕事を担当できるよう上司が支援する。どのような仕事をアサインすればよいか把握していない上司向けに管理職研修を実施する。

・きめ細かな研修の実施
一人ひとりの能力、意欲により分類し、選抜研修、底上げ研修などそれぞれに合った研修内容とする。総合職を対象とするスキルアップ研修に一般職も参加できるようにする。

・中高年層の育成も必要

意欲の高い中高年層にも研修を実施する。「一般職」女性全体のモチベーションを高くするには中高年層がモチベーション高く働いている姿を見せることも必要。

② 継続的なキャリア形成を支援しよう。

・キャリアデザイン研修の実施。

キャリアデザインを継続的に実施し、会社の期待を伝えたり本人の意欲醸成を図る。

・キャリアプランシートの作成。

3〜5年後のキャリアや長期キャリアについて考える機会を与え、上司とキャリア面談を行う。上司は部門長と相談し、一人ひとりの育成計画を作成し人事と共有する。

その他、コース別雇用管理制度を維持する場合には、評価・処遇や賃金制度を見直したり、等級区分を見直し、上限を引き上げるなど、モチベーションを上げることが重要としています。また廃止する場合の留意点としては、コース転換の要件の見直しや緩和、上司からの転換促進の働きかけが重要です。

女性当事者に向けては、キャリアは自分でつくるもの、というキャリア自律意識を持つこと、失敗を恐れずチャレンジすることを求めています。筆者も長年、一般職女性の研修を担当してきましたが、多くの女性たちは驚くほど会社への貢献意欲が高く、仕事にも真面目に取り組んでいます。これまでの会社の処遇に対する不満や、経験やスキルを積んでこなかった自分自身への不安、仕事と生活の調和に関する悩みはあれど、現状を前向きに捉えようとしています。会社の期待をしっかり伝え、適切に育成することで、「一般職」女性たちは、さらに能力を発揮させていくことでしょう。

３・２・２　令和の時代、本格的な女性活躍へ

（１）女性活躍の見える化で成果を図る

政府は女性活躍推進政策の取組みを、経済の持続的な成長に結び付けるため「未来投資戦略２０１８」を策定し、この中で施策の目標値としてＫＰＩ（重点業績評価指標）を設けました。

達成が厳しいのは、役員比率です。課長相当職比率については、健闘しているとは言え、２００３年当初の目標が３０％であったことを考えると、残念な結果と言わざるを得ません。女性活躍の最も大きな課題は、やはり「リーダーへの登用」にあります。

さらに、総務省は２０１９年７月に、女性活躍推進法の３年後の見直しを見据えて「女

性活躍の推進に関する政策評価」を行いました（表3・2）。女性活躍推進法に基づく情報公表（見える化）が、各事業所にどのような行動の変化をもたらしたのか、という点については、施行前後における主要四項目（女性採用比率、平均残業時間、勤続年数の男女比、女性管理職比率）を見ると、いずれの項目も公表割合が伸びていることが明らかとなりました。また、多くの項目について、情報公表している事業者のほうが、その数値の伸びなどが大きい傾向がありました。サンプル数が少ないため、直ちに因果関係を求めることはできませんが、数字を含めた自社の情報を公開することは、女性活躍推進に対する意識付けや動機付けとなっていることは間違いなさそうです。

一方、業界によるばらつきは大きく、医療・福祉など女性労働者比率が高い産業では、女性管理職比率も比較的高い傾向となっており、建設業、製造業、情報通信

表 3.2

	2020 年までの KPI	2018 年実績値
上場企業役員に占める女性の割合	10%	4.1%
民間企業の課長相当職以上に占める女性の割合	15%	11.2%
25 歳から 44 歳までの女性就業率	77%	76.5%
第一子出産前後の女性の継続就業率	55%	53.1%

出所　総務省「女性活躍の推進に関する政策評価」令和元年 7 月

業、運輸業、郵便業など、女性労働者比率が低い産業では、女性管理職比率も低くなっています。業種、職種、従業員数によって、必要な女性の「人材プール」の規模や質は異なるものの、企業の成長に向けて戦略的にその担い手となる女性を確保し、職種等に応じて育成することは、あらゆる企業において共通するものでしょう。女性の人材プールが形成できていない企業では、まず、採用活動の段階から積極的に女性に向けたアプローチを行うなど、女性の働きやすさ、企業風土の変革に取り組む必要があるでしょう。

３・３　女性活躍のパラダイムシフトを起こそう

（１）　ゲームのルールを変えよう

２１世紀も既に２０年が経ちました。昭和・平成・令和と三つの時代を経て、「働く女性」を取り巻く環境は変化し、今、新たな時代を迎えています。外圧や政府主導で進んできた感のある「女性の活躍推進」は、女性たちにとって助けになってきたでしょうか。「活躍推進」とは、何か肩に力が入った言葉で、一つの方向に向けて狭いレールを歩かされているような、古いパラダイムを引きずっているような、そんな居心地の悪さを抱いているのは、筆者だけではないでしょう。これまでの日本型雇用慣行の働き方は、安定した成長をもたらしましたが、女性にとっては活躍しづらい環境でした。

そろそろ、古いパラダイムのルールを変えて、ゲームチェンジをする時代に来ているのではないでしょうか。令和の時代を迎え、企業のあり方そのものの賞味期限が切れようとしています。ゲームのルールを変えない限り、いくら施策をつくっても限界があることは、これまでの取組みで明らかです。

2025年には、ミレニアル世代が世界の労働人口の75%を占めると言われています。ミレニアル世代の価値観やライフスタイル、望む働き方は、それまでの世代と全く異なっており、今までのやり方が通用しなくなると言われています。改めて、新しい時代にふさわしい、女性活躍のあり方を、今後は女性自身が当事者・主役となって構築していきたいものです。

(2) 成功の法則を変える

(a) 女性活躍のエコシステムをつくる

世界では、女性起業家への注目が集まっています。スタートアップにおける女性起業家の割合は、世界でも14.1%とまだ低い状況ですが、組織に雇われて窮屈な働き方をするのではなく、自らビジネスを起こし、経営者として雇用を増やしたり、社会に貢献する側に立つ女性たちは増加しています。そのような女性起業家を支援する仕組みとして、エコシステムに関心が高まっています。

エコシステムとは、「生態系」を意味しますが、ビジネスの分野では、複数の企業がパートナーを組み、お互いの技術や資本を活かしながら、共に利益を上げる仕組みを言います。まさに種を播き水や肥料を与え大きな木となるよう育てていくために、様々なステークホルダーや支援者との関係性を構築し、Win–Winを目指す仕組みです。例えば、資金調達する際の投資会社（ベンチャーキャピタル）や、ビジネス支援のプログラムを提供するアクセラレーター、施設などを格安で提供するインキュベーター、スタートアップに詳しい法律事務所などが、連携してスタートアップ企業を支援します。女性起業家比率が２５％を超えるシカゴでは、このエコシステムが同時多発的に形成され、女性ビジネスを強力にサポートしています。

世界の女性の創業において最も大きな課題となっているのは、資金調達における男女格差です。特に民間の投資会社では、投資会社側に女性が少なく理解がないこともあり、資金調達はまだまだ厳しいものがあります。日本においては、２０１６年、経済産業省が、女性起業を支援するため、地域の金融機関や産業・創業支援機関等を中心とした「女性起業家等支援ネットワーク」を、全国１０カ所に形成しました。日本政策投資銀行を中心とした各銀行が、女性向けの新ビジネスプランコンペティションを実施したり、女性起業のための特別融資制度を設けるなど、女性の創業支援に本格的に力を入れています。

そのような中、２０１５年、公益財団法人パブリックリソース財団は、日本初の市民の手による女性のための基金、「あい基金」を創設しました。女性が女性を支援する「恩送り」のシステムや、女性の社会課題解決に関心を持つ市民や企業が、資金、物品、ノウハウ、ネットワークなどの資源を持ち寄り、戦略的に投資するコレクティブ・フィランソロピーなどを柱に、資金提供だけに限らないユニークなスタートアップ支援をしています。

また、笹川平和財団は、２０１７年からアジアで最大規模の投資総額となる、女性支援型インパクト投資ファンドを開始しています。インパクト投資は経済的利益を損なうことなく、教育、貧困、環境、医療等の社会的課題を解決する組織や、プロジェクトに投資を行う金融手法の一つで、欧米では、その高い効果性から、過去１０年で大幅に拡大を遂げてきました。同財団は、主に東南アジアに住む女性のエンパワーメントとジェンダー平等を目的に設置し、女性の起業支援を行っています。

このほかにも女性の資金調達を支援する動きは徐々に広まっており、起業を目指す女性も、女性の起業を支援する仕組みも動き始めた印象があります。

女性のスタートアップ事業が、スケールアップ（規模拡大）したり、上場するケースはまだまだ少なく、どう持続的な成長を目指す企業にしていくのかが、これからの大きな課題となっています。女性起業家の成長を支援するエコシステムづくりは、今後の重要なテーマとなるでしょう。

（ｂ）３０％Ｃｌｕｂに学ぶ変化の起こし方

３０％Ｃｌｕｂは、企業の役員に占める女性比率を３割に引き上げることを目標に、２０１０年に英国で発足した世界的なキャンペーン活動です。企業の意思決定機関に占める多様性（女性比率の向上）は、企業のパフォーマンスや持続的な成長につながるという考えのもと、これまでに多くの国で目覚ましい成果を出しています。その成功要因は大きく三つあげられます。

一つめは、会員企業や組織のトップが自ら主体的に行動を起こし、変化のスピードを加速させていること。二つめは、社会の重要なステークホルダーを巻き込む、統合アプローチを導入していること。会員には、企業トップのみならず、メディア、政府、エグゼクティブサーチファーム、大学、機関投資家など、様々な組織、団体が加わり、ネットワークやコラボレーションを通して活動を促進しています。三つめはサブコミュニティとピア（仲間）プレッシャーの活用です。例えば、機関投資家によるサブコミュニティでは、ＴＯＰＩＸ１００とＴＯＰＩＸ４００の構成銘柄に限定した「ＴＯＰＩＸ社長会」を立ち上げ、ベストプラクティス（好事例）の共有や情報交換を行っています。

このような活動により良い意味でのピアプレッシャー（同調圧力）が働き、相互研鑽が進んだり、結果を生むことへのこだわりが生まれます。英国の場合、経営陣を選任するプロセスを報告させたり、どのような選任プロセスを踏めばよいか明文化を求めたり、変化が見られない場合は、議決権を行使する例もあるようです。

日本では、２０１８年に１４番めの拠点として、デロイトトーマツグループが中心となって、「３０％Ｃｌｕｂ Ｊａｐａｎ（サーティパーセントクラブジャパン）」（Chair 資生堂魚谷正彦）がスタートしました。日立製作所、全日空、味の素、花王、キリンホールディングスグループ、大和証券グループなど大手企業のほか、東京大学や昭和女子大学などのトップら計５２名が名を連ねています（２０２０年4月1日現在）。

３０％Ｃｌｕｂのメンバーシップの条件として、次のようなものがあります。

１　自社のトップ層（取締役会、マネジメントチーム等）に占める、女性割合の明確な数値目標と期限を設定する。

２　自社の役員に占める女性割合の向上、また幅広い層における女性のパイプライン強化に向け、ボード議長／CEO自らがコミットメントを示し、取組みをリードする。

３　３０％Ｃｌｕｂ Ｊａｐａｎのキャンペーンの趣旨に賛同し、ジェンダーダイバーシティは、企業が対応しなくてはならない、喫緊の「ビジネス課題」であるというメッセージを、公の場や自社の従業員に対して繰り返し伝える。

４　自身の経営者ネットワークを通して、３０％Ｃｌｕｂ Ｊａｐａｎの趣旨を他社のボード議長／ＣＥＯに積極的に共有し、メンバーになるよう働きかける。

３０％Ｃｌｕｂ Ｊａｐａｎの創設者である、デロイトトーマツの只松美智子氏は、次のように語っています。

『ダイバーシティは企業の競争力、ということは国際社会の常識。グローバルでは既に「Ｈｏｗ（どう加速するか）」が中心課題だ

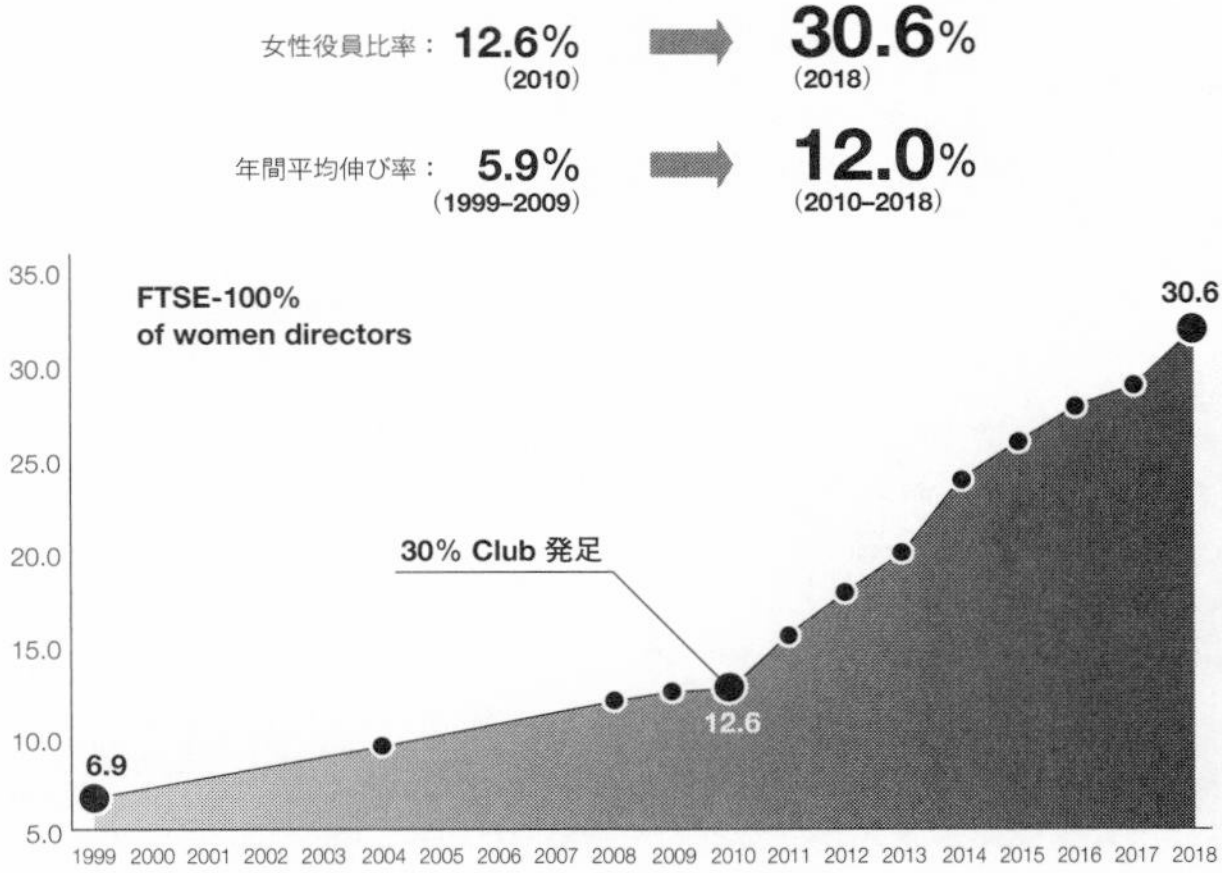

図 3.4

出所　30% Club Japan のブロシュア
haaps://30parcentclub.org/about/chapters/japan

が、日本では未だに「Ｗｈｙ（なぜ必要か）」という議論にとどまっている。現代におけるジェンダー課題の本質は、気候変動、技術革新、人口動態の変化、疫病等、グローバルレベルで起こり得る将来の不確実性に対して企業、社会、そして国として、どれだけ多くの英知を結集できるかである。人口の半分の英知しか活用できない現在の状況が、企業、社会、国の持続可能性を大きく損なわせていることを、各トップがしっかりと理解し、危機感を持って取り組むべきである。』

意思決定機関に女性が増えない企業に未来はない、ということを３０％達成に取り組む企業は理解しています。もはや、「女性はリーダーに向いているか」とか、「女性自身がなりたがらない」「管理職にふさわしい女性がいない」という議論に意味はありません。意志を持ってやり方を変えるだけで女性役員・管理職が増えることは、３０％Ｃｌｕｂが実証済です。後は、やるか・やらないか。それだけです。

３０％Ｃｌｕｂの活動が、これまで遅々として進まなかった女性管理職比率の増加に大きなインパクトを与えることは間違いないでしょう。

（３）女性活躍による新しい成長のカタチ

Ｗ２０Ｊａｐａｎの共同代表でＢＴジャパン元会長、女性初の経団連役員だった吉田晴乃氏。Ｇ２０大阪サミット閉幕の翌日、６月３０日に急逝されました。最後となった「Ｇ２０

大阪サミット　女性のエンパワーメントに関する首脳特別イベント」のスピーチは、まさに女性活躍のパラダイムシフトを示唆した内容でした。

『日本の女性活躍が進んでいないとは思っていません。足りないのは躍動感です。日本の女性の底力はすごい。それが出ていないのです。これまでの女性活躍は、その不均衡ゆえに、どうしてもVS男性という構図から抜け切れませんでした。これからは、男女が対極に立つ必要はなく、共通の目的に向かって力を合わせるべきでしょう。一人ひとりの女性が果敢に新しい生き方を求め、美しい花を咲かせることで、世の中が良くなっていくのです。

少子高齢化という社会の中で、女性の労働力がどのように経済的な効果を生んだか。この5年間で200万人の女性労働力が市場に参画しました。これは明らかな経済成長です。賃金に換算すると8兆円という数字も出ています。GDPに直すと3%。5年間でここまでの取組みができたのです。世界の消費者マーケットは、GDPの6～7割を占め18兆米ドルとも言われています。このうちの12兆米ドルを女性が決めているという説もあります。女性たちが経済的にエンパワーされたとき、どういう消費者マーケットが加速されるか。成長していくか。20カ国の提言書をまとめるに当たり、ビジョンとしたのは「女性のエンパワーメントと、新しい世界の成長」です。世界の半数ずつを担う男女が一枚岩となって、みんなで新しい未来を切り開いていこう、という発想です。

「女性たちのエンパワーメントは、世界の新しい成長のために。」

日本の成長を、今振り返って、世界に発信していけると、自信を持って言えると思います。』

（『日経ＡＲＩＡ』２０１９・７・９掲載等をもとに引用再構成）

女性活躍は、女性が躍動感を持って社会の中で活動している姿そのものです。消費を牽引し、経済を動かし、よい循環を生み出す原動力となって、男性とともに力を発揮し、新しい世界の成長のカタチに貢献する、それが女性活躍の本当の姿ではないでしょうか。

◆第4章　深化するインクルージョンの領域

社会の多様性はますます身近に、そして複雑になっており、企業活動にも様々な形で深く関わっています。D&I経営において重要なことは、社会の多様性と向き合い、どう理解し、どのように対応すればよいか、経営の視点で捉え行動するということです。

本章では、組織と密接に関わっている五つのテーマ（LGBT、障害者、グローバル、IT、スポーツ）について現状や課題への理解を深め、共に生きるためのヒントを紹介します。

4・1　LGBTとインクルージョン

前著『多様性を活かすダイバーシティ経営』（日本規格協会）でLGBTを取り上げたのは2013年でした。当時は社会の認知度もまだまだ低く、企業の取組みもスタートしたばかりでした。しかし、LGBTを取り巻く環境は急速に変化し、社会課題としてLGBTが取り上げられることも多くなりました。ダイバーシティ推進の一環として、LGBTに関する研修や啓発活動を行う企業も増え、理解や認知度が高まってきたと感じています。一方で、様々な問題も顕在化しており、働く場でのLGBTへの理解が一層求められています。

4・1・1　LGBTからSOGIへ

(1)　LGBTは20人に1人

「LGBT」とは、「L」(レズビアン、女性同性愛者)、「G」(ゲイ、男性同性愛者)、「B」(バイセクシュアル、男女どちらにも性愛感情を抱く両性愛者)、「T」(トランスジェンダー、性的越境者、生まれたときに割り当てられた性別に違和感や距離感を抱く人)を表す言葉であり、性的マイノリティ(少数者)を代表する言葉として使われています。近年では、誰に対しても恋愛感情や性的欲望を抱かない人(Asexual)や、幅広い人に性愛感情を抱く人(Pansexual)など、他のセクシュアルマイノリティへの配慮を示すLGBTQ+という言葉も広がっています。ここでは、一般的に広く知られている「LGBT」という表現に統一して使用します。

LGBTは私たちの周りにどの程度いるのでしょうか。近年様々な調査が行われていますが、調査方法が異なるため正確な数字を示すことは難しいと言われています。性的マイノリティを支援するNPO法人虹色ダイバーシティ(以下、虹色ダイバーシティという。)では、「およそ3～5%の範囲とするのが妥当」としています。仮に5%とすると、20人に1人はいることになります。性的にマジョリティ(多数派)である人々は、あえて自らを「ヘテロセクシュアル(異性愛者)である」とか、「シスジェンダー(自分の性別に違和感を覚えない人)」と名乗ったり、自分がそうであるとは自覚していません。多数派の中では意識せず「自然」に暮らしていけるからです。そのことが、LGBTの人たちにどのような影響を与えているのか、私たちは今一度考える必要があります。

LGBTを取り巻く環境は、長い間、スティグマやいわれのない差別、偏見との闘いでした。スティグマとは、社会的なレッテル貼りを言い、特定の集団に属する人々に対して、社会が押す「恥ずべきこと」という、負の烙印を意味します。近代精神医学では「性的倒錯」とされ、時には犯罪者のような扱いをされたり、憎悪や嘲笑、ヘイトスピーチの対象とされてきました。

WHO(世界保健機関)では、LGBTのスティグマをはがすには、①個人としても集団としてもおとしめない(ハラスメントをしない)、②違いを認める(カミングアウトをスルーせず、受容する)、③社会心理的距離を縮める(密に対話する、共通点を探る)の三つの対応が必要だとしています。

また、これまで、トランスジェンダーは「性同一性障害」という病理的な問題とされてきましたが、LGBTの「T」には、当事者のプライドと尊厳が込められており、精神医学用語である「性同一性障害」を使用することに、強い違和感を持つ人もいました。世界の流れも同様の傾向にあり、2019年、WHOは、性同一性障害について「精神障害」の分類から除外し、「性的不合」に変更することで合意しました。トランスジェンダーは、病理ではなく、ジェンダーアイデンティティそのものなのです。

(2)　性自認と性的指向、多様な性のあり方を知る

ＬＧＢＴを理解する際に、覚えておきたいのが「性自認」と「性的指向」という言葉です。『性自認（Gender Identity）とは、「自分自身の性をどう思っているか」といった自己の認識や感覚』を指し、『性的指向（Sexual Orientation）とは「魅力を感じる性別が誰であるか（同性、異性、両性）」』を意味します。ちなみに性的指向は、必ずしも性的興奮と結び付くものではなく、性的嗜好とは異なるものです。性自認には、出生時に割り当てられた女性・男性の性別のいずれでもないという立場をとるＸジェンダーも含まれます。また、性的指向には、好きになることに性別を条件としない全性愛（Pansexuality）、性自認や性的指向が決まっていないクエスチョニング（Questioning）などもあります。「性」の要素は多様であり、男性↕女性のように直線で捉えられない広がりがあります。

国際社会では、ＬＧＢＴの人権について話し合う際に、性自認・性的指向を組み合わせた「ＳＯＧＩ（ソジ／ソギ）」という言葉が一般的に用いられています。ＬＧＢＴが「人」に着目した用語であるのに対して、ＳＯＧＩは「議論の主題が何であるか」を明らかにした用語です。「特定の人」の問題としてではなく、「性的指向や性自認を理由とした差別・偏

見」にフォーカスし問題解決を行う上で、重要なキーワードであり、今後の流れとしては、「ＳＯＧＩ」もしくは「ＬＧＢＴ／ＳＯＧＩ」という表現が増えていくものと考えられます。

４・１・２　ＬＧＢＴ／ＳＯＧＩをめぐる世界の動き

国際的な動きは、差別解消と排除激化という二極化した現象が見られます。国連及び先進国は権利保障・差別解消に向かっています。国際社会では、人権保障の文脈で１９８０年代から本格的に、ＬＧＢＴ／ＳＯＧＩについて議論が始まりました。

２００６年に人権問題の専門家会議が、インドネシア・ジョグジャカルタで開催され、「ジョグジャカルタ原則（性的指向と性同一性に関わる国際人権法の適用に関する原則）」が採択されました。ＬＧＢＴ／ＳＯＧＩの権利は、新しい権利や特権の話ではなく、人権の問題なのだ、という国際社会の共通認識が正式に表明された会議でした。

また、２０１１年に国連理事会で採択された「人権と性的指向・性的自認」に関する決議は、ＬＧＢＴの人権保障を大きく前進させるものとなりました。これを受け、国連高等人権弁務官事務所は、２０１２年に『Born Free and Equal（邦訳　みんなのためのＬＧＢＴ人権宣言）』を発行しました。

その中で、「世界中のＬＧＢＴは、生まれながらにして自由で平等に生きる権利がある」

と宣言し、国家がＬＧＢＴ／ＳＯＧＩの人権問題に対応するための五つの義務を提唱しました。①差別や暴力からの保護、②拷問や虐待の防止、③ソドミー法（同性同士の性的関係を処罰する法規定）の撤廃、④ＳＯＧＩに基づく差別の禁止、⑤安全の確保。これらによって、各国が何をしなければならないかを示しています。

虹色ダイバーシティの『性的指向に関連する世界地図２０１６』によると、同性カップルも婚姻できる法律や同性パートナーシップ登録制度は４７カ国・６５地域で設けられ、その後もドイツや台湾、オーストリアなど、法制化の動きは増えています。また、２０１０年、アイスランド議会は、同性婚を認める法案を全会一致で可決し、首相自身がレズビアンであることを公言しました。ベルギー、ルクセンブルグ、アイルランド、セルビアなどでも、首相が同性愛者であることを公表しています。２０１９年に誕生したフィンランドの３４歳の女性首相は、両親が同性愛者であることをオープンにしています。

一方で、ＬＧＢＴであることが罪に問われたり、激しい差別や圧力をかける国や地域も存在しています。ロシアは、ソチオリンピック前年の２０１３年に、「同性愛宣伝禁止法」を施行し、未成年者に「非伝統的な性的関係」（同性愛）について情報提供することを禁止し、世界から厳しい批判を浴びました。２０１５年には中国も同性愛の表現規制を行うようになりました。同性愛者に対する禁固刑のある国は７３カ国・５地域に上ります。サウジアラビア、イランなどイスラム諸国を中心に、13カ国では死刑執行も行われています。

アメリカは、現在大きく揺れています。オバマ政権下では2009年、連邦ヘイトクライム防止法を改正し対象にLGBTを追加。2011年、国務省に世界でLGBT権利保護を拡大するための「グローバル平等基金」を設置しました。2015年、国務省最初のLGBT人権担当特別使節を任命するなど、LGBTに寛容な政策が次々に打ち出されました。しかし、トランプ政権ではその方針が大きく転換されました。就任直後の2017年、行政命令によりトランスジェンダーの兵役を禁止し、以降もLGBTに否定的な動きが続いています。権利保障の大きな流れは変わらないという見方がある一方、政策転換による分断が広がっていることは確かです。

4・1・3 日本の動き

(1) 法整備に消極的な政府

翻って、日本の現状はどうでしょうか。日本には、同性愛を禁止したり逮捕するような法律はありません。一方で、権利を守ったり平等や公平性を担保するような法律もありません。

2016年に、LGBTに関する二つの法案が国会に提出されましたが、共に成立に至っていません。野党が提出した「LGBT差別解消法」は廃案となり、与党が打ち出した

「ＬＧＢＴ理解増進法」は、現在もどのような状況にあるか、曖昧なままとなっています。廃案となった野党案は、政府や自治体のみならず民間企業における差別も禁止するもので、差別解消に向けた具体的な手続きも盛り込まれていました。一方、与党案は、差別や偏見をなくす啓発的な意味合いが強く、勧告や差別禁止は盛り込まれていませんでした。

２０１７年、超党派による「ＬＧＢＴ自治体議員連盟」が発足し、１００人以上の国会議員が参加し活動を開始する中、２０１８年には、自民党議員が週刊誌に『「ＬＧＢＴ」支援の度が過ぎる』と寄稿し、大きな論争を巻き起こしました。同性愛や同性婚に対しては、「伝統的な家族のあり方が失われる」とか、「生殖に結び付かないから好ましくない」という考えもありますが、ＬＧＢＴの問題を、「道徳観」や「伝統」の正反対に位置付けてしまうことは、排除や否定、暴力にもつながりかねない危うさがあります。

問題があるにもかかわらず、何もせずに見過ごすことを「不作為」と言います。日本政府の消極的態度に対して、国連自由権規約委員会は、２０１４年に、「包括的な反差別法を採択し、実質的かつ適切な救済を与えるべき」と勧告しました。２０２０年現在、同性間での婚姻やパートナーシップに関する法律がない国は、Ｇ７の中では日本だけとなっています。ＬＧＢＴの人権について、法整備を行わない政府の不作為について、私たちはもっと厳しい目を向ける必要があるのではないでしょうか。

（2） 受容する社会

一方、現実社会は確実に変化しています。世論調査では、同性愛や同性婚に対する賛成意見が増加しており、２０１５年には賛成多数に転換しています。地方自治体は、当事者や現実の変化に後押しされながら、国に先行して様々な取組みを始めています。２０１６年に実施された『全国自治体における性自認・性的指向に関する施策調査報告書』では、回答した８１１の自治体の中で２００に上る自治体が、計画などに「性自認・性的指向に関する言及がある」と答えています。パートナーシップ認定制度や同性婚の導入について、住民や議会から要請があったと回答した自治体は３３ありました。

法制度の整備を待たずに、独自に「同性パートナーシップ認定制度」を導入する自治体も増えています。２０１３年、大阪市淀川区は、行政として初めてＬＧＢＴに対する職員人権研修を実施。同時に情報発信、相談や支援などの当事者対応などを盛り込んだ、ＬＧＢＴ支援宣言を行いました。２０１５年１１月には渋谷区、世田谷区が「同性パートナーシップ制度」を導入し、以降、伊賀市、宝塚市、那覇市、札幌市などが続き、２０２０年2月現在では、政令指定都市（東京２３区除く）の半数以上が導入済みまたは導入予定となっています。また、熊本市と福岡市、岡山市と広島市のように、同性パートナーシップ証明制度を相互に利用できる方針を打ち出した自治体もあります。都道府県では、２０１９年7月に茨城県が「いばらきパートナーシップ宣誓制度」を、２０２０年１月には大阪府も「同性パートナーシップ宣誓証明制度」を開始しました。

「同性パートナーシップ制度」の主な内容は次のとおりです。

・入院した際の緊急時や危篤時の面会、病状報告を受けることができる。
・パートナーシップ証明書による賃貸住宅での同居。
・生命保険の受取人や住宅ローンの連帯保証人。

他の機関や施設、民間企業、ＮＰＯなどとの連携は不可欠ですが、このような制度が広まることで、当事者にとっての利便性は高まり、条例や法制度の整備などへの後押しとなることは間違いないでしょう。

教育の現場でも変化があります。学生のニーズを踏まえ、性別に関係なく、自由に制服を選べる公立中学校が増え始め、ＬＧＢＴに配慮した動きが広まっています。

大学では、近年「ＬＧＢＴ学生支援」に向けた動きが活発になっています。学長や総長による声明を発表したり、対応に関するガイドラインを定めたり、相談窓口や専門性のあるカウンセラーを配置する大学も増えています。お茶の水女子大学や奈良女子大学、宮城女子大学では、トランスジェンダー学生（戸籍またはパスポート上男性であっても性自認が女性である人）の受入れを表明し、津田塾大学や日本女子大学、東京女子大学も検討を始めています。

しかし、独立行政法人日本学生支援機構の調査では、ＬＧＢＴに関する学生の相談件数を把握している大学や短大、専門学校は５割程度であり、ＬＧＢＴに関する大学の意識はまだ十分ではありません。同機構では、２０１８年に『大学等における性的指向・性自認の多様な在り方の理解増進に向けて』を発行し、各大学にＬＧＢＴ／ＳＯＧＩへ理解増進と学生への対応の充実を求めています。

4・1・4　ＬＧＢＴと職場環境

（1）　ＬＧＢＴ施策を持つ企業は6割に

ＬＧＢＴへの理解と認知度が上がるにつれ、ダイバーシティ推進の一つとして、ＬＧＢＴへの対応に力を入れる企業も増加しています。

２０１６年、日本労働組合総連合会（連合）は、「ＬＧＢＴに関する職場の意識調査」を実施しました。「ＬＧＢＴ」という言葉の認知度は４７・１％と半数近くあります。２０代で５４・８％と最も高く、年齢が上がるにつれ低下しています。一方で管理職の認知度は５６・１％と高く、近年の啓発活動の影響を伺わせる結果となりました。職場の仲間として働くことへの抵抗感は全体的には低いものの、男性はやや高い傾向にありました。「差別禁止のための法的整備をすべき」との回答は４４・５％となり、半数近くが何らかの法的措置が必要と感じていることが明らかとなりました。

２０１７年、日本経済団体連合会（経団連）は、『ダイバーシティ・インクルージョン社会の実現に向けて』という提言書を発表し、ＬＧＢＴに初めて言及しました。提言では、企業の認識・受容を進める上で、次のような視点をあげています。

①　幅広いプールからの人材獲得と退職の抑制
②　働きやすい社内環境の整備による生産性の向上
③　自社のブランド価値向上
④　法的リスクの回避と社員の人権確保
⑤　ビジネスの拡大

具体的な取組みとして、ＬＧＢＴへのハラスメントや差別の禁止を社内規定に明記することを求めたり、社内の人事・福利厚生制度の改定や相談窓口の設置、トイレなどの職場環境の整備、採用活動におけるＬＧＢＴへの配慮などを求めています。

提言は、先進的な取組みを進めＬＧＢＴフレンドリーな企業であることを打ち出すことで、ＬＧＢＴを含む優秀な人材を獲得したり、自社のブランド価値を高めようという意識が感じられる内容となっています。企業である以上、利益や自社のメリットを意識することは当然です。しかし、「ＬＧＢＴへの理解を深めることで、同性パートナーの存在を念頭においた商品の開発等、ビジネスの拡大につながる」といった記述や、社員の人権確保よりもリスク回避を先に記載しているなど、その表現に違和感を感じるのは筆者だけでしょうか。ともあれ、日本を代表する経済団体がＬＧＢＴに言及して提言を出したことは、企業の今後の動向に大きな影響を与えるものと考えられます。

経済同友会も２０１７年、「ダイバーシティと働き方に関するアンケート調査」を公表しました。アンケートによると、ＬＧＢＴに対応する施策を実施している企業は約６割で、「拡大・拡充予定あり」も４割を占めています。また、従業員数５０００人以上の企業では、拡大・拡充予定を含めると７割が何らかの施策を実施しており、ＬＧＢＴ対策は大きく前進していると言えます。

（２）　職場におけるＬＧＢＴ対応と支援策

ＬＧＢＴが働く場で直面する課題を解決するための行動を起こすことは、無視することのできない重要なダイバーシティのテーマとなっています。

取組みの進む企業がある一方、実際にはまだまだ理解や受入れ態勢が十分でない企業も多くあります。ＬＧＢＴに対する差別的な事例も少なくありません。２０１９年、経済産業省のトランスジェンダーの女性職員（戸籍上は男性）に、女性用トイレの利用を制限するなどしたのは違法だとして、東京地裁は国に賠償を命じました。職場におけるＬＧＢＴの問題は、使用者が当然行うべき環境配慮であることを決定する重要な判決でした。

トランスジェンダーの従業員への対応は、知識や経験も不足している中、トラブルに発展するケースもあるようです。特にトイレの利用については、多目的トイレの設置を要望する声もあれば、自分の使いたいトイレを使わせてほしいなど、多様なニーズがあります。ルールやマナーなどを丁寧に話し合いながら、コンセンサスを取っていく必要があるでしょう。

ＬＧＢＴの社員への理解と対応力を高めることは、すべての従業員にも役に立つものとなります。また、セクシュアルハラスメントやマタニティ（パタニティ）ハラスメントなど、ハラスメント対策としてもヒントとなるはずです。当事者がいない、申し出がないから問題ない、と考えるのではなく、この機会に全体的な職場環境を見直すつもりで対応策を考えましょう。

『トランスジェンダーと職場環境ハンドブック』[9]では、ＬＧＢＴの社員への対応や留意点を詳しくまとめていますので、その一部を紹介します。

＜**規定や行動指針への明記**＞

例　差別やハラスメントを禁止する規定や行動指針には、ＬＧＢＴを含むＳＯＧＩに基づく差別を並列で明記することが必要です。

・「すべての従業員を平等に扱う」といった形で特に明記していない場合、ＬＧＢＴの人から見ると、自分は含まれていないと感じることもあります。何らかの捕捉説明を追記してください。

＜**個人情報保護**＞

例　トランスジェンダーにとって、戸籍上の本名と性別は重大な個人情報であるという認識を持って取り扱いましょう。

・アウティングとは、本人の許可なく別の人に話すことを言います。人事システムのアクセス権やアクセス範囲の見直しを行ったり、プライバシーに関わる内容は十分に注意して取り扱います。

＜**相談窓口**＞

例　相談窓口の担当者は、ＳＯＧＩに関する研修やハラスメント研修を受講することが必須です。

・相談しやすいよう、相談窓口にレインボーフラッグを掲示するなど、ＬＧＢＴの対応をしていることをメッセージとして発信することも有効です。

＜**福利厚生**＞

例　結婚祝金や住居手当、会社独自の慶弔休暇や育児・介護休暇などの適用範囲を、ＬＧＢＴも利用できるよう拡大します。

・トランスジェンダーの従業員が性別適合手術に必要となる休職期間に対して、健康保険組合から傷病手当金を支給します。

＜**教育・啓発**＞

例　まずは人事担当者向けのＬＧＢＴ研修を行い、各部署に広めていきます。

・役員層の研修は、失言防止などの対外的なリスクマネジメントを含め必須です。

・現場の管理職や新入社員研修、人権研修やハラスメント研修など、あらゆる場面でコンテンツの一部に盛り込むなど工夫をします。

〔『トランスジェンダーと職場環境ハンドブック』（日本能率協会マネジメントセンター）p.53–70より引用再構成〕

（3）アライになろう

ＬＧＢＴに対する偏見や差別的な言動は、知らない・理解していない、身近にいないことから生まれていることも少なくありません。ＬＧＢＴは決して他人事ではなく、多様な社会に暮らす私たち一人ひとりの問題でもあります。

ＬＧＢＴ／ＳＯＧＩであるかどうかを職場にオープンにする／しないの選択は、当事者の判断や希望が最優先されることであり、決して強制されるものではありません。カミングアウトによって差別されたり、仕事をなくすのではないかと恐れ、オープンにできない人もいます。一方で、虹色ダイバーシティの調査では、職場でカミングアウトをしている層は、していない層より、勤労意欲が高いことが明らかとなっています。カミングアウトしたい人が安心して話せる職場を実現するためには、どうすればよいでしょうか。それは、私たち一人ひとりが「アライ」であることを表明することです。

「アライ（Ally）」とは、当事者ではない人が、ＬＧＢＴ当事者を理解し支援するという考え方、あるいはそうした立場を明確にしている人々を指す言葉です。入口に虹色のアライステッカーを貼ってあるレストランを見たことはありませんか。虹色はＬＧＢＴを象徴するシンボルカラーであり、虹色のアライステッカーを貼ることはＬＧＢＴフレンドリーな店であることを表明しているのです。また、レインボーバッジやシールを作成し、アライを表明することを推奨している企業も増えています。たとえ、組織にＬＧＢＴ当事者がいるかどうかわからない状態であったとしても、応援しているというメッセージは力強い支えとなることでしょう。

現在は、当事者によるＮＰＯ組織や支援団体などを含め、ＬＧＢＴへの支援活動が広がっています。代表的な組織としては、ＬＧＢＴ等の性的マイノリティがいきいきと働ける職場づくりを目指して、調査・講演活動、コンサルティング事業を行っている、ＮＰＯ法人虹色ダイバーシティや、日本最大のＬＧＢＴイベントである「東京レインボープライド」を主催しているＮＰＯ法人東京レインボープライド。また、ダイバーシティに関するキャリアフォーラム「レインボークロッシングＴＯＫＹＯ」を主催しているＮＰＯ法人ＲｅＢｉｔ、九州・福岡を拠点に、ＬＧＢＴ関連の情報発信・啓発活動に取り組むＮＰＯ法人Ｒａｉｎｂｏｗ Ｓｏｕｐなどがあります。

あなたの身近にある支援団体の活動に参加してみてはいかがでしょう。みんながＬＧＢＴ支援者であることを積極的に表明し、共感的な態度を取ることは、ＬＧＢＴだけでなくすべての多様な人々にとって、働きやすい職場になっていくと考えます。

4・2　障害者とインクルージョン

4・2・1　重度障害の国会議員誕生がもたらす変化

2019年8月、重度の障害を持つ二人の国会議員が誕生しました。重い障害を持ち、車いすと介助者が必要な両議員の当選を受け、参議院は本会議場の議席の改修や、押しボタン式投票装置を設置したり、福祉車両の導入などを行いました。また介助費を公費補助する「重度訪問介護」は、障害者が働くことは想定されていません。そのため、議員活動など収入を得る「経済活動」を行うと対象外となって、多額の費用が個人負担となるため、当面は参議院が費用を負担することとなりました。

2019年度の『障害者白書』によれば、身体障害者は436万人。知的障害、精神障害も含めれば、障害者全体は1000万人近くになります。超高齢社会が進む中で、要介護を必要とする何らかの障害を持つ人は、さらに増加すると見込まれます。複数の障害を併せ持つ人もいるため単純な合計にはなりませんが、国民のおよそ7・4%、約13人に1人が何らかの障害を有していると言われています。7・4%の障害者の声を代表し、当事者としてその問題を政治に届ける人材が選出されたことは、画期的なことです。しかし、多様な人々が生きる現実の社会をより忠実に反映し、より豊かな社会を実現するためには、当事者の政治参画はむしろ遅すぎる一歩だったかもしれません。「重度障害の国会議員誕生」によって、これまで健常者の議員しか想定してこなかった、国会のバリアフリー化が一気に進むと同時に、改めて障害者施策のあり方について議論が巻き起こっています。

２０１６年に施行された障害者差別解消法は、それまでの障害者施策を「医療モデル」から、「社会モデル」へと大きく転換させるものでした。医療モデル（個人モデル）とは、障害者が困難に直面するのは、その人に障害があるからであり、克服するのはその人とその家族である、という考え方に基づき、障害者が少しでも障害のない人に近付いていくことを目指しています。一方、「社会モデル」は、障害は、障害者ではなく、社会がつくり出している、という考え方に基づいています。障害者にとって生活を営む上で障壁となるような、様々な環境要因、制度、慣行、観念など（社会的障壁）がなければ、制限なく日常生活や社会生活を送ることができる、というものです。その考え方に基づき、差別解消のための措置として「不当な差別的取扱いの禁止」と「合理的配慮の提供」を定めています。

不当な差別的取扱いの禁止とは、障害を理由として、サービスや機会の提供を拒否したり、場所や時間帯に制限を設けたり、特別な条件を付け、障害のある人の権利や利益を不当に侵害することをいいます。また、合理的配慮の提供とは、障害のある人と障害のない人の平等な機会を確保し、社会的障壁をなくすために行われる、個別の対応や支援のことです。

例えば、肢体不自由のある人に通勤混雑を避けるため受付時間を調整したり、聴覚障害者に手話通訳を付けたり、視力や握力の弱い人のために、誰もが使いやすいユニバーサルデザインの道具を使う、といったことです。

ノーマライゼーションとは、障害があってもなくても、同じように生活できる社会をつくっていこう、という考え方を言います。「障害者」と「健常者」は常に隣り合わせの存在であり、明確な境界線があるわけではありません。障害者が生きやすい社会は、誰にとっても生きやすい社会ではないでしょうか。

4・2・2　障害者雇用は過去最高

障害者雇用率は、年々増加しています。2019年度の雇用者数は約56万6000人（前年比4・8％増）、実質雇用率2・11％で、過去最高を記録しました。障害別では身体障害者（約34万人）が最も多く、精神障害者は約6万7000人（同34・7％増）と、3割以上の増加となりました。2018年4月に障害者の雇用義務がある民間企業の法定雇用率が2・0％から2・2％に引き上げられたため、全体の障害者雇用率は上昇しましたが、法定雇用率を達成した企業は約4万6000社で、達成率は48％です。企業規模別では従業員1000人以上の3358社の平均雇用率は2・25％。企業の規模が小さくなるにつれて雇用率が下がる傾向が見られます。精神障害には、うつ病、統合失調症、双極性障害、てんかん、高次脳機能障害、アスペルガー症候群などがあります。２０１８年４月より雇用義務の対象となったことや、精神疾患に対する認知度が高まっていることもあり、今後も精神障害者の求職者中込件数・就職件数は急増すると見込まれています。

大企業では、集合部署や特例子会社を利用し、組織的な受入れ態勢を整え、まとまった人数の雇用が可能ですが、ほとんどの中小企業は限られた職場環境で、最低一人から数人を雇用している状況です。特にスキルの高い身体障害者や若手人材は、取り合いになっているなど、雇用人材の偏りも見られます。また、「法律があるから仕方なく行う」「企業イメージを高めるため」という消極的な姿勢で雇用を行う企業も見られます。企業にとっても障害者にとってもメリットとなるような雇用のあり方とは、どのようなものでしょうか。

4・2・3　定着と活躍を考える

障害者雇用の市場は活発ですが、特定の人材に雇用が集中し雇用そのものが難しかったり、企業側からは、「雇用管理が難しい」「せっかく採用してもなかなか定着しない」「人材育成が思うように進まない」という声が聞かれます。厚生労働省の「障害者雇用実態調査」（２０１８年）によると、「会社内に適当な仕事があるか」「障害者を雇用するイメージやノウハウがあるか」「職場の安全面の配慮が適切にできるか」などが課題としてあげられています。障害者に対する理解や知識、情報はまだまだ不足しており、働く障害者は増えていますが、定着率は決して高いとは言えない状況です。処遇や評価に対する不満や不安、コミュニケーションの問題から離職してしまうケースも少なくありません。

このズレはどこから来るのでしょうか。せっかく採用した障害者が辞めていく要因には、雇用側の定着と活躍に対する捉え方と、障害者側のニーズにギャップがあることが考えられます。

企業のいう「定着」とは、まず一番に法定雇用率の達成・維持を目的に、障害者が安定的に就業し続けることを意味します。また、「活躍」とは、組織の中でスキルや能力を高めキャリアアップしたり、業績やノルマ、コスト削減などの成果を求めることになります。定着志向で障害者を採用すると、意欲や意識の高い障害者は、活躍する場がないと、やる気をなくしてしまうでしょう。一方で、活躍志向に重きを置き、成長を求めたりキャリアアップを奨励することは、定着志向の強い障害者や、障害特性により十分期待に応えられない障害者にとっては、ストレスとなったりニーズとのズレを生じさせることになります。

障害者の定着と活躍のミスマッチを防ぐには、雇用前の本人と企業側との十分なすり合わせや環境調整、フォローアップが重要となります。本人と十分に話し合い、配属先や仕事内容について、その障害特性や能力、配慮事項などを把握した上で、その情報を本人同意のもとで現場の管理者やスタッフとも共有します。特に、人事部門を中心に会社全体でサポート体制をつくり、現場の不安を解消することが大切です。

近年は、テクノロジーの急速な発達で、障害を持った人でも、それまで困難であったことが技術の助けで容易にできるようになっています。筆者の友人で、５０歳目前にＡＬＳ患者となった男性がいます。彼は言葉を失い、自力で動くことができず、２４時間介助が必要な状態となった今でも、視線入力と自分の声をもとに作成した合成音声によって講演を行ったり、ブログを発信するなど、積極的に活動しています。また、分身ロボット「OriHime」を活用し、自宅にいながら、神奈川県の共生社会アドバイザーにも任命されました。分身ロボット「OriHime」は、入院や身体障害など「移動の制約」のある人の代わりに、現場に出向き、「その場にいる」ように自分の代わりにコミュニケーションを実現してくれるロボットで、現在、様々な場面で活用され始めています。テクノロジーの進展は、時間や場所にしばられず、障害の度合いやキャリア意識に応じた様々な働き方を可能にし、障害者の活躍の幅を広げてくれると期待されています。

4・2・4　共に働く、共に生きる

障害者は、「障害者」とひとくくりにできない多様性を、一人ひとりが持っています。障害の種類、範囲、レベル、年齢、性別、置かれた環境、価値観、性格等々。その人の職務能力や配慮を必要とする要件も様々です。障害者一人ひとりが、自分に合った職場環境やキャリアを選択し、長期定着・活躍できるための枠組みを作ることが重要となります。

そのためには、自組織の雇用方針を明確にし、その方針と施策の整合性が取れているかを確認することが大切です。既に法定雇用率を達成している企業も、これから雇用を進める企業も、採用、定着、活躍を進めるためには、多様な障害種別の人材を受け入れるための意識改革や、これまでとは異なる職種・職域での採用検討、採用方法・受入れ態勢、キャリア支援制度の見直し・再整備などが必要となります。

障害者の雇用のノウハウがなく、十分な人的資源もない企業は、第三機関の仲介やサポート制度を利用するとよいでしょう。例えば、全国のハローワーク、障害者職業センター等では、就職を希望する障害者の相談だけでなく、障害者を雇用したい企業側の相談も受け付けており、ジョブコーチなどの専門知識を持つ支援スタッフが、企業側と障害者側の双方の希望を聞き、必要な支援を提案しています。また近年では、正式採用の前にトライアル雇用を実施し、企業風土との相性や必要なサポート体制の確認をする企業が増えています。障害者

の特性によっては、環境整備や雇用に各種助成が受けられる場合もあります。

障害のある人もない人も、組織にとっては大切な人材です。その人らしく、最大限に活かされる職場にするために、当事者の声を聞きながら働きやすい職場づくりを目指していきましょう。

４・３　外国人とインクルージョン

４・３・１　外国人労働者は４６人に１人

日本で働く外国人が増えています。厚生労働省によると、２０１９年６月時点の在留外国人数は、２８２万９０００人に上り、日本の総人口の２・２４％を占めています。外国人労働者数は、約１６５万人（２０１９年）と過去最高を更新し、国籍別では、中国が４１万８０００人で全体の２５・２％を占め、次いでベトナム４０万１０００人(２４・２％)、フィリピンと続いています。年２０万人ペースで増えており、２０１４年からの５年間で２倍以上となっており、特にベトナム、インドネシア、ネパールなどの伸び率が高くなっています。

外国人労働者を雇用する事業所数も２１万６３４８カ所で、前年から１１・２％の増加となっています。産業別では、製造業が最も多く２９・７％と３割を占め、次いで建設業、宿泊業、飲食サービス業となっています。事業所の規模では、「３０人未満事業所」が最も多く、事業所全体の５８・８％、外国人労働者全体の３４・７％を占めています。事業所の所在地は、東京、愛知、大阪などの大都市中心です。増加率としては、宮崎、熊本、鹿児島が高くなっています。外国人人材の内訳を見ると、大学や専門学校、大学院を卒業した高い専門性を持った外国人の就労も増えていますが、圧倒的に多いのは、留学生アルバイトや、期間限定で技能経験を積む技能実習生であり、正規採用を伴う本格的な労働者という位置付けではありませんでし

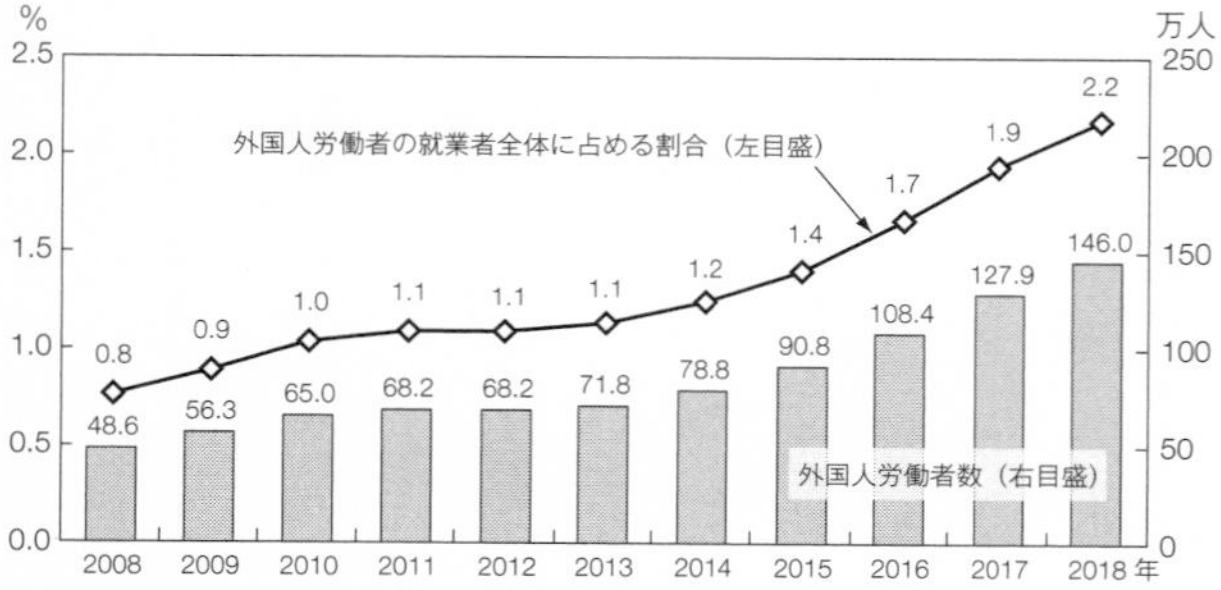

備考 1．総務省「労働力調査」（各年 10 月時点の数字）
厚生労働省「「外国人雇用状況」の届出状況まとめ」（各年 10 月末時点の数字）
のデータを基に作成．
2．割合は，外国人労働者数 ÷ 就業者数として計算．

図 4.1

出所　内閣府政策統括官「企業の外国人雇用に関する分析」令和元年９月「図表 1–3　外国人労働者数と就業者全体に占める割合の推移」
https://www5.cao.go.jp/keizai3/2019/09seisakukadai18-6.pdf

た。しかし、深刻な労働力不足が続く中、既に外国人労働者はなくてはならない存在となっています。外国人労働者の受入れに慎重だった政府も、２０１９年4月、出入国管理・難民認定法を改正施行し、特定技能１号と特定技能２号という新しい在留資格を新設しました。

特定技能1号とは、業務に関する一定の知識や技能が取得条件で、在留期間は通算で最長5年となっています。特定技能2号は、専門性ある熟練した技能を持ち、所轄省庁が定める試験の合格が取得条件で在留期間は更新可能です。これまで就労のための在留資格は、大学教授や医師など高度専門分野に限られていましたが、その対象を単純労働分野にも広げるというもので、大きな政策転換と言えます。一方、特定技能制度には、一定の仕事の技能と日本語能力を持つ外国人を１４業種に限定して受け入れるという制限があったり、雇用主、外国人労働者双方のメリットが少なく、どれだけ活用されるかは不透明なところがあります。ともあれ、現在、働く人の４６人に１人は外国人という状況の中、日本社会における外国人労働者の存在感は急速に高まりつつあります。

4・3・2　受入れ企業の課題

一方、受入れ側には、これまで「グローバル」とは無縁であったり、「外国人と共に働く」ということを想定していなかった企業や事業所も多く、様々な問題が起こっています。

厚生労働省が実施した「外国人労働者の受入れに関する実態調査」（2015年）（以下、受入れ実態調査という。）によると、外国人人材の活用の問題については、「日本語能力の問題」（29・5％）、「日本人とのコミュニケーションへの不安」（19・5％）、「定着率が低い（またはそのようなイメージがある）」（12・4％）が三大要因となっています。

また、高度専門人材については、「社内の受入れ体制が整っていない」との回答割合も比較的高く、能力ある外国人人材の受入れ体制が十分ではないことも問題となっています。マニュアル作成・共有プラットフォームを提供する、(株)スタディストが行った「外国人労働者の育成に関する課題調査」では、回答者の8割以上が「育成に苦労した」と答えており、特に「コミュニケーションが取りづらかった」（51・8％）、「口頭での指示が正しく伝わらなかった」（46・7％）など、業務指示など必要なコミュニケーションを取る上で苦労している様子が伺えます。また、「せっかく育成した人材が一定期間しか雇えない」ことに不満を持つ企業も多いようです。定着率については、業務上のコミュニケーションが容易となるような職場環境の整備が、定着率向上に好影響を与える可能性のあることが明らかとなっています。

受入れ実態調査では、「日本語能力に問題がある」としながらも、実際に日本語研修を実施している企業は少なく、それをフォローアップする自治体の支援体制にもばらつきがあります。海外では、在留外国人に対して公的に自国語の学習や生活習慣のオリエンテーションを実施する国も少なくありません。外国人労働者に頼らざるを得ない状況の中で、安心して働き、その能力を十分発揮できるような環境整備について、改めて取り組む必要に迫られています。

4・3・3　日本は、働きやすい国か

では、外国人労働者から見た日本の課題はどのようなものでしょうか。英金融大手ＨＳＢＣホールディングスが行った「各国の駐在員が働きたい国ランキング」によると、日本は調査対象３３カ国（地域含む）中３２位という結果でした（表４・１）。賃金、ワークライフバランス、子どもの教育環境、定住しやすさなど、すべての項目において最下位かそれに近い評価で、外国人労働者にとっては魅力のない国として映っていることがわかります。

東京商工リサーチの「外国人雇用に関するアンケート」でも、外国人雇用者のクレームや不満のトップは、「日本人と比べた賃金の低さ」（２４・５％）であり、次いで「日本文化の強要、自国文化への無理解」（１７・９％）、「社会保障の差」（１０・３％）となっています。お互いのミスマッチをなくし、今後ますます増えていく国内の外国人労働者と、どのように共に働けばよいのでしょうか。

ニッセイ基礎研究所『日本における外国人労働者受け入れの現状と今後の課題』では、外国人労働者がより安心して活躍できる社会を作るためは、

①　外国人労働者が働く労働条件を改善する

②　外国人労働者に対する差別の問題を解決する

③　悪質ブローカーを排除するための対策をより徹底的に行う

④　企業の負担を最小化する支援を行う

表 4.1　外国人が働きたい国ランキング（2019 年）

順位	国　名
1 位	スイス
2 位	シンガポール
3 位	カナダ
4 位	スペイン
5 位	ニュージーランド
6 位	オーストラリア
7 位	トルコ
8 位	ドイツ
⋮	⋮
31 位	インドネシア
32 位	日本
33 位	ブラジル

出所　HSBC ホールディングス「Expat Explorer Survey, League Table (based on 2019 results)」をもとに著者作成.

などの対策が必要だとしています。

外国人労働者の労働条件や環境整備には、様々な問題があります。労働条件や契約書を提示しない、決められた給与を支払わない、契約にない長時間労働の常態化など、労働法規に違反する悪質な事業所もあるようです。外国人労働者に対する差別やいじめ、パワハラ、旅券の取り上げや恋愛・結婚・妊娠禁止といった人権侵害につながるケースも報告されています。これらの違法行為・差別に対処することは、国籍や人種にかかわらずとも、多様な人材を受け入れるための喫緊の課題であると言えるでしょう。生活習慣や文化の違いによる誤解や、理解不足、コミュニケーションの取りづらさなどを乗り越え、共に働く仲間として、外国人労働者を尊重していくことが求められます。

4・3・4　多文化共生社会の実現に向けて

厚生労働省は２００７年に、外国人人材が活躍できる環境の整備に向けた指針を発表していますが、２０１８年にその見直しを行い、改めて外国人との共生社会の実現に向けた環境整備を必要とし、「外国人人材の受入れ・共生のための総合的対応策」を定めました。外国人労働者の支援としては、技能水準を評価・確認する試験制度の整備やその学習支援、受験の促進、日本語教育の充実、在留資格手続の円滑化、迅速化などを明記しています。また、生活者としての支援では、円滑なコミュニケーションが図れるよう日本語教育の充実や行政・生活情報の多言語化、相談体制の整備、外国人の支援に携わる人材・団体の育成とネットワークの構築、労働環境の改善や社会保険の加入促進などを掲げています。さらに、日本語学習のニーズに応え、２０１９年には「日本語教育推進法」が成立しました。国や自治体には日本語教育を進める責務、企業には雇用する外国人に教育機会を提供するよう努める責務があると明記された同法によって、社会全体としての教育環境の整備が望まれます。

グローバルダイバーシティとは、海外に目を向けこの世界の一員として私たちが何をするか、何ができるかを考えると同時に、この国で共に暮らす一人の人間として、外国人とどう向き合い、共生していくのかを考えることでもあります。この国で、外国人が当たり前に働く時代になりつつある今、改めて「多文化共生社会」に向けた取組みが必要となっています。

総務省では、多文化共生について「国籍や民族などの異なる人々が、互いの文化的違いを認め合い、対等な関係を築こうとしながら、地域社会の構成員として共に生きていくこと」と定義しています。日本における多文化共生の取組みは、在日コリアンやブラジルからの日系人移住者の問題として始まり、主に地方自治体がその取組みを担っていました。２００１年に発足した外国人集住都市会議は「浜松宣言」を採択し、外国人の存在を前提とした学校教育や社会保障制度の構築を国に求めました。政府は、自治体の声や現状の変化に押されるように、在住外国人への公共サービスなどの環境整備を進めていますが、その内容はまだ十分ではありません。日本で暮らし働く外国人が急増する中、多文化共生のビジョンや基本理念を定めた「多文化共生社会基本法」の制定が急がれます。

４・４　デジタル社会とインクルージョン

２０１６年、国は「第５期科学技術基本計画」において、「Society 5.0（ソサエティ５・０）」の推進を始めました。テクノロジーの活用により社会課題を克服しようというものです。具体的には、ＡＩやＩｏＴ＊、クラウド、ドローン、自動走行車・無人ロボットなどの最新テクノロジーの活用により、少子高齢化・地域格差・貧富の差などの課題を解決し、一人ひとりが快適に暮らせる社会を実現することを目指しています。

９０年代初頭からのインターネットの普及は、情報へのアクセスやコミュニケーションのあり方を激変させました。当初、デジタル社会の進化は、いずれ人種や女性差別、障害者差別などの問題から、私たちを解放するだろうという考えが一般的でした。「ＡＩは機械なの

＊ Internet of Things の略。モノのインターネット。様々な「モノ」がインターネットに接続され、情報交換することにより相互に制御する仕組み。

で差別をしない」「ビッグデータを使えば、すべての人々を平等に判断できる」というものです。しかし、それらが私たちの暮らしや仕事になくてはならないものとなってきた一方、近年ではデジタル社会が、多様な人が暮らす社会にもたらす危険性や弊害も明らかになってきました。D&Iの視点から、特に危惧するのは、①信用格付け（スコアリング）による機会・権利の剥奪、②AI人材の多様性欠如です。

4・4・1　AIによる多様性のスコアリングが新しい排除を生む

AIによるスコアリング（信用評価・格付け）とは、個々人の購買行動、居住地、学歴、性別、人種、病歴などの様々な領域のビッグデータから、将来的な「価値」を予測し、その価値に準じて評価することです。多面的なマーケティングや信用評価が可能とされる一方で、ある領域で一度低い評価をされると、そのデータは他の領域での審査や評価にも影響を与えると考えられます。

2018年、アマゾンは採用試験用に開発したAIが「女性」という単語が入った履歴書を低く評価したため、運用を取りやめたと発表しました。マイクロソフトは、カリフォルニア州で運用開始を予定していた州警察の顔認識の装備を、「女性やマイノリティに対して不当に厳しい態度を取る可能性がある」として中止しました。刑事司法制度で採用されているリスク評価システムでも、同じ罪状であっても非白人は再犯率が高いという予測によって、刑期が重く算出されたことが問題になりました。医療分野においても、黒人患者よりも白人患者が体系的に優遇されるアルゴリズム＊によって、本来受けるべきケアが受けられず、黒人患者が重度の健康問題を抱えていることも判明しました。

このように、ＡＩによるスコアリングがあらゆる分野に浸透していくと、貧富の差の拡大や格差の固定化、機会や権利の剥奪などにつながる恐れがあります。データによって差別を受けることで、「バーチャル・スラム」という新たな貧困層を生み出す可能性もあるのです。

4・4・2　デモグラフィ型人材多様性が不足する業界

ＡＩによる差別やビッグデータの不適切な利用が問題になるにつれて、その設計・開発は誰が行っているのか、学習させるデータに偏りはないのか、という議論が起こっています。実際に米国のＩＴ業界における人口構成は、白人男性に大きく偏っています。主要なＡＩ会議における論文著者の女性比率は１８％に過ぎず、ＡＩの女性教授職の比率は２０％にとどまっています。黒人の労働者はグーグルではわずか2・5％、フェイスブック、マイクロソフトでは４％でしかありません。デモグラフィ型人材多様性などの、複数次元の多様性が

＊　プログラムを作るときに用いる問題を解決するための手順・計算方法。

欠ける現状にもかかわらず、それに対する問題意識は十分ではありません。また、「テクノロジーは差別や社会問題とは無関係。そのような状況とは独立して自分たちは存在している」という幻想を信じる考え方は広くIT業界に浸透している、と指摘する研究者もいます。

ニューヨーク大学AIナウ研究所の報告書によると、テクノロジーはその作成者のバイアスを驚くほど効果的に学び自動化し、多様な人々の人権や生活に悪影響を与えていると言います。設計者や開発者に差別する意図がなかったとしても、人口構成が偏ることにより、結果としてマイノリティを排除・多様性を阻むシステムが構築されてしまうのです。同研究所は、このようなAI人材の多様性の欠如を解決しない限り、問題は一層大きくなると警告しています。

4・4・3　人間中心のAI活用指針づくりが重要

2019年4月、国は、人工知能（AI）の活用法を話し合う「人間中心のAI社会原則検討会議」を開き、個人情報保護や説明責任など、AIを活用する際の七つの原則をまとめました（表4・2）。国が定めた七原則には、人間中心であること、AIの判断が差別的にならないように判断プロセスを明らかにし、説明責任を持つこと、個人情報の取扱いを慎重にすることなどが盛り込まれています。また同年3月、英国政府は、人工知能（AI）アルゴリズムによるバイアスを調査・監督するための新組織「データ倫理・イノベーション・センター」を発足しました。Ｇ２０に提出されたＷ２０の政策提案書にも、ＡＩによる差別増幅の防止が盛り込まれています。ＡＩが急速に普及する中、世界的にＡＩの開発や活用が人間

表４・２

基本理念	（１）人間の尊厳が尊重される社会（Dignity） （２）多様な背景を持つ人々が多様な幸せを追求できる社会（Diversity & Inclusion） （３）持続性ある社会（Sustainability）
ＡＩ社会原則	（１）人間中心の原則 （２）教育・リテラシーの原則 （３）プライバシー確保の原則 （４）セキュリティ確保の原則 （５）公正競争確保の原則 （６）公平性、説明責任及び透明性の原則 （７）イノベーションの原則

出所　内閣府「人間中心のＡＩ社会原則検討会議」資料より。
https://www8.cao.go.jp/cstp/tyousakai/humanai/index.html

っています。

生活に与える悪影響を懸念する声が高まり、各国において「倫理」指針づくりの動きが広がっています。

4・4・4　人事のAI原則を作ろう

特に働く場においては、採用や評価、育成、登用といった人事領域で進むAIの活用によって、学歴、出身のみならず、女性や障害者、外国人などのマイノリティへの差別が助長されることが懸念されています。人事領域でのAI活用には、倫理観やダイバーシティなどへの一層の留意が必要となっています。就活支援サービス『リクナビ』が、AIを使って学生の内定辞退率を算出し、企業に販売していた問題は記憶に新しいところです。

リクルートワークス研究所の機関誌『Works』156号の特集『人事のAI原則』で、人事領域でのAI活用について問題提起をしています。実際に、AIを本格的に活用している企業はまだ多くはありません。しかし多様な人々に機会や大きな可能性を与える一方で、活用の仕方を一歩間違うと大きなリスクにつながるなど、負の側面があることをしっかりと理解しておくことが重要です。特に、AIの活用が社会や企業内に不当な差別を生んだり、個人の尊厳を損なうような扱いが生じないか、個人の権利の尊重を重視することや、個人データの取り扱いに関する細心の注意と敬意を持つこと、AIを活用した結果について責任ある態度を取ること、ＡＩ活用の際にして学びや経験を積み重ね、正しい知識と理解を構築すること、などが重要であるとしています。

ＡＩやビッグデータの活用が生み出すリスクに無自覚であることは、機械中心の人事管理となり、差別や格差が拡大する社会を作り出すことにもなりかねません。開発するのも、使うのも、その恩恵を受けるのも、私たち人間です。デジタル社会への移行は不可逆的であり、一人ひとりの幸せのためにこそＡＩはあるのだ、という前提のもとに使いこなしていく、情報リテラシー能力が求められていると言えます。

４・５　スポーツとインクルージョン

４・５・１　スポーツとジェンダー

（１）オリンピックにおける女性活躍

１９６４年以来の開催となる東京での夏季オリンピック・パラリンピックは、ダイバーシティや女性活躍の観点からも注目されています。

オリンピックに女性の参加が認められたのは、１９００年のパリ大会からです。２２人の女子選手が初めて参加し、それ以降、出場選手に占める女性の割合は、夏季・冬季大会ともに徐々に増加していきました。日本選手団に占める女子選手の割合も同様の傾向にあり、夏季大会では2012年ロンドン大会で53・2％、2016年リオ大会で48・5％とほぼ半数を占めています。冬季大会では、2014年ソチ大会で初めて5割を超え、2018年平昌大会では58・1％と過去最高となりました。

直近の四大会における日本人選手によるメダル獲得数を見ると、金メダル獲得は女子選手のほうが多くなっています。冬季大会においても、2018年平昌大会では金メダル3個を含む8個のメダルを獲得し、過去最多となりました。近年の女子選手の活躍は目覚ましいものがあります。東京2020オリンピックでは、若い世代に人気の3人制バスケットボールや自転車のBMXフリースタイル、サーフィンなどが新種目となりました。「若者」「都市化」「女性」がオリンピックに変革をもたらすキーワードとして期待されています。

今では女性選手の活躍が欠かせないオリンピックですが、1896年に行われた第1回アテネ大会では、女性選手の参加は許されていませんでした。近代オリンピックの父、ピエール・ド・クーベルタン男爵は、「オリンピックへの女性の参加はふさわしくない」と参加を認めなかったのです。

（2） 女性とスポーツにおける課題

近代スポーツは、19世紀イギリスにおいて、国家を担う次のリーダー育成のための手段として、広まっていきました。スポーツ文化は長い間、男性優位で進んできたと言っても過言ではないでしょう。生物学的な違いや、「男らしさ、女らしさ」という性別二元制に基づき、「より速く、より強く、より高く」という身体優位性が強調されてきました。

現在も女性指導者は少なく、女子チームの監督やコーチは圧倒的に男性が占めています。そのため、男女で育成環境に差があったり、妊娠・出産など女性特有のライフイベントは無視されたり、無理なトレーニングで体を壊す女性も多くいました。また指導者や関係者からセクシュアルハラスメントの被害にあう選手もいました。女子選手が活躍しにくい根底には、「スポーツは男性中心」「女性のスポーツレベルは男性に劣る」といったステレオタイプ的な考え方が根強くあります。メディアの取り上げ方も、「美人アスリート」「ママさん選手」など、ことさら女性性を強調するような表現が多く、一人のスポーツ選手として扱う記事が少ないのが現状です。スポーツにおける女性参画には、次のような課題があります。

公平と平等

・スポーツ参加の機会の不平等（運動機会や運動施設の多様性の少なさ）
・スポーツ参画の機会の不平等（アスリートへのサポート、指導者、運営側の雇用機会）

・女性スポーツへの投資の不平等

思想と権力

・ジェンダーイデオロギー（男性優位主義、異性愛主義、西洋主義的思想）の再生、再生産

・優位性、特権を持つイデオロギーが主流となり平等の達成を困難にする

・文化とシステムのマンネリ化

（NPO法人GEWEL理事　順天堂大学スポーツ健康科学部助手　野口亜弥氏提供）

（3）スポーツの女性参画の契機となった「ブライトン宣言」

スポーツ界で活躍する女性が増えるにつれ、「女性とスポーツ」を取り巻く状況は大きく変化してきました。１９９４年5月、女性とスポーツに関する初めての国際会議、「第1回世界女性スポーツ会議」が英国・ブライトンで開催されました。この会議の中で、スポーツのあらゆる分野での女性の参加と尊重を求めた「ブライトン宣言」が採択され、以降のスポーツ界におけるジェンダー政策に大きな影響を与えることとなります。ＩＯＣ（国際オリンピック委員会）は、これを受け、翌年にオリンピック改革案「オリンピック・アジェンダ２０２０」を採択し、「女性の参加率５０％の実現」や、「男女混合の団体種目の採用の奨

励」を目標に掲げました。

２０１２年にロサンゼルスで開催された第5回会議では、女性スポーツのさらなる発展のため、指導的地位にある女性を増やし、国連機関との連携強化を進めることなどを明記した「ロサンゼルス宣言」を発表し、女性指導者の育成に力を入れています。２０１４年の第6回会議では、ヘルシンキ宣言をアップデートし、２０２０年までに意思決定権があるポジションの４０％を女性にするべきだ、という提言を含む「ブライトン・プラス・ヘルシンキ２０１４宣言」を採択しました（表４・３）。これを受け、カナダでは「スポーツ身体運動協会」が設立され、女性コーチ育成のための助成金や育成推進を積極的に行っています。

また、指導者や関係者による女子選手へのセクハラやパワハラに対する訴訟が起こされたり、男女の賃金格差について公の席で発言する女子選手が現れるなど、当事者である女性アスリートたちも平等に向けて動き出しています。

（４）オリンピックを契機に、女性とスポーツの新しい関係をつくる

世界のスポーツを取り巻く環境は大きく変化し、先進諸国では「女性アスリート」が力を発揮しやすい環境整備や、指導者の育成、ハラスメントの防止などに力を入れて取り組んでいます。

一方、日本の状況はどうでしょうか。２０１７年、スポーツ庁とＪＯＣ（日本オリンピッ

表4・3

（1）社会・スポーツにおける公平と平等
（2）施設・設備の配慮
（3）学校体育・青少年スポーツにおける平等
（4）スポーツへの参加促進
（5）ハイパフォーマンススポーツへの参加
（6）スポーツにおけるリーダーシップの発揮
（7）スポーツ指導者等に対する教育・啓発
（8）調査研究及び情報提供における平等
（9）資源（人的・物的）配分における配慮
（10）国内・国際活動における連携・協力

出所　スポーツ庁「ブライトン・プラス・ヘルシンキ2014宣言〈10の原理・原則〉」
https://www.mext.go.jp/sports/b_menu/sports/mcatetop11/list/1387282.htm

ク委員会）を含む59のスポーツ団体は、2020年までにスポーツ団体の女性役員の割合を30%に引き上げることに合意し、各競技団体に対し女性役員比率の拡大に向けた工程表作成を開始しました。また、スポーツ団体の女性役員育成のため研修プログラムの開発や、女性役員同士のネットワーク構築の支援等を始めています。しかし、2019年3月現在、

ＪＯＣにおける女性役員比率は１８・２％、ＪＯＣ加盟団体では１２・６％と、３０％にはほど遠く、女性の監督やコーチに至っては数えるほどしかいません。女性アスリートが増え続ける一方で、指導的立場における女性はまだまだ少ないのが現状です。スポーツ界における女性のリーダーシップ開発は喫緊の課題と言えます。

また、スポーツの世界では、指導者を含め選手も保護者もメダル至上主義、上下関係の厳しい中で、体罰、暴力、ハラスメントが起きやすい環境にあり、それを問題視してこなかった歴史があります。

２０１２年、柔道女子日本代表選手らが連名で、『ナショナルチームにおける暴力・パワーハラスメントについて』という告発文書を提出し、柔道界を揺るがす事件となりました。その後、２０１８年１月にはレスリング協会での女子選手に対するパワハラ告発事件や、同年５月には大学アメフト部でのパワハラ問題、さらにボクシング連盟や体操協会などで選手の告発が続き、指導者によるパワハラや暴力が大きな社会問題に発展しました。指導者と選手という関係性の中で見過ごされてきた、行き過ぎた指導やハラスメントが、時代の変化とともに社会の非常識として批判されるようになったのです。

一部のスポーツに根強く残っている女性排除の慣習にも、疑問の声が上がり始めています。高校野球の甲子園大会の規定には、「危険防止のため、グラウンドに立つのは男子のみ」と明記されていましたが、2016年夏の大会で、女子マネージャーのグラウンドでの練習補助が制止されたことを契機に、条件付きながら事前練習に女性も参加できるようになりました。また、女性会員禁止を謳っていたゴルフクラブが、オリンピック会場に指定されたことをきっかけに解禁するというできごともありました。2018年4月の大相撲地方場所において、挨拶の最中に倒れた市長を助けようとした女性に対して、土俵を下りるように指示を行った相撲協会には多くの賛否の声が寄せられました。女性禁止の理由は様々ですが、「慣習だから」と思考停止に陥っていないか、合理的な根拠があるのか、大切なことは何か、今一度考える必要があるのではないでしょうか。

女性アスリートに対する支援及び環境整備を通じて、女性のスポーツ参加のあり方が見直される中、順天堂大学は、スポーツとジェンダーに関する研究に力を入れてきました。2011年に「女性アスリートの戦略的強化支援方策に関する調査研究」を開始し、2014年には、日本初となる「女性スポーツ研究センター」を設立。医学やスポーツ健康科学の専門家が参画し、女性アスリートを支援する方策や環境整備などを研究しています。

IOCは、2018年にすべてのオリンピックムーブメントの中で、ジェンダー平等を強化するための具体的な25のアクションを提案しました。主催国である日本は、これを強く意識した取組みが求められています。東京2020オリンピックの開催を機会に、今こそスポーツ界における女性活躍について、新たな歴史をつくるときです。ハラスメントの撲滅、女性指導者の登用、意思決定機関への参画など、あらゆるスポーツ施策にジェンダーの視点を取り入れ、スポーツを通して社会的インパクトを生み出すことを期待します。

４・５・２　スポーツとインクルージョン

（１）人種差別との闘い

２０１９年、日本開催のラグビーワールドカップで、日本チームは史上初のベスト８に進み、日本中に大きな驚きと感動を与えました。また代表選手３１人中１５人が外国籍ということも話題となりました。世界中から優秀な選手が集まるスポーツでは、多様な国の選手が力を合わせ、「ＯＮＥ ＴＥＡＭ」となって力を発揮することは珍しくありません。一方で、外国籍や複数のルーツを持つアスリートが活躍する場が増えるにつれ、人種や国籍を差別するような行為や発言も増えてきています。

２０１４年、プロサッカーチーム「浦和レッズ」はサポーターが、会場に「Japanese Only」という横断幕を掲げ、それを撤去しなかったとして、クラブ側の責任も問われ、Ｊリーグ初となる、無観客試合という処分が下されました。ＦＩＦＡ（国際サッカー連盟）が２０１３年総会で「反人種差別、差別撲滅に関する決議」を採択し、Ｊリーグが各クラブに周知を始めた直後のことでした。浦和レッズはその後すぐに第三者検証委員会を立ち上げ、「差別撲滅に向けたアクションプログラム『ZERO TOLERANCE（絶対許さない）』」を策定しました。海外でも差別的な言動は、たびたび問題となっています。2014年、NBA（全米プロバスケットボール協会）所属チームのオーナーが人種差別的な発言をしたとして、リーグからの永久追放と約2億5000万円という罰金処分を受けました。

差別意識は社会の中に深く根付いており、差別的発言をする人はどの分野にも存在します。特にスポーツの世界では、「勝ち負け」や「優劣」による関係性が明確に示される場合が多く、そこに「力関係」が生まれやすくなります。また誇りや自負心、チームへの帰属意識、強い向上心、勝利への執着が、他者との関係性において優位性を生み出したり、相手に攻撃的になる思考に働く可能性がある、ということが指摘されています。

勝敗をかけて厳しく戦うスポーツだからこそ、ルールの遵守と相手を尊重する気持ちを忘れてはならないでしょう。

（2） LGBTへの対応

スポーツは「男性性」と強く結び付いており、運動能力の優れた人ほど特権やパワーを得やすい傾向があります。またその特徴ゆえ、同性愛者の男性は、自分がゲイであることをオープンにしにくい雰囲気があります。オリンピックでカミングアウトする選手が圧倒的に女性に多いことも、ゲイに対するホモフォビア（同性愛に対する恐怖感・嫌悪感・拒絶・偏見等）が強いことの表れとも言えます。

２０１４年のソチ冬季オリンピックでは、前年にロシアが制定した「同性愛宣伝禁止法＊」に非難が集中し、主要国による開会式のボイコットが行われました。そのことをきっかけに議論が進み、２０１４年にオリンピック憲章が改正されました。

改正されたオリンピック憲章には、「その定める権利および自由は、人権、肌の色、性的指向、言語、宗教、政治的またはその他の意見、国あるいは社会的な出身、財産、出自やその他の身分などの理由によるいかなる種類の差別も受けることはなく、確実に享受されなければならない」と明記され、初めて性的指向の差別禁止が盛り込まれました。以降のオリンピックは、ＬＧＢＴフレンドリーを掲げて開催され、社会的なＬＧＢＴへの認知度を向上させました。このような流れの中で、２０１２年ロンドンオリンピックでは２３人が、２０１６年のリオオリンピックでは５０人以上の選手が、ＬＧＢＴであることをカミングアウトしました。

近年、カミングアウトする選手の増加やそれを擁護・支援する社会の変化に伴い、スポーツにおけるＬＧＢＴの状況は前進の兆しが見え始めています。

＊　１８歳未満の者に対する同性愛の「助長」に関わった場合、罰金を科すという法案。

（3） パラリンピックの興隆

パラリンピックは、障害を持つトップアスリートが出場する「もうひとつのオリンピック」です。２０１６年のリオデジャネイロ大会では１５９の国と地域から４３００人を超える出場者が集いました。東京パラリンピックの注目度も高く、公式チケットの一次抽選の申込み枚数は過去最高の約３１１万枚となりました。

パラリンピックの起源は、１９４８年、ロンドン郊外の病院でリハビリのために始められたアーチェリー競技会にあります。１９５２年に国際大会となりましたが、当時は「ストーク・マンデビル大会」と呼ばれ、出場者も脊髄を損傷した車いす使用者に限定されていました。「パラリンピック」の名称が初めて使われたのは、１９６４年の東京大会でした。深刻な資金不足や運営の混乱に直面しながらも、参加資格のなかった下半身以外（上半身や視覚、聴覚等）の障害のある選手も対象とした、アジア初となる国際身体障害者スポーツ大会を開催し、愛称として「パラリンピック」を使用しました。

水泳と卓球に出場した長谷川雅巳選手は、当時のことをこう記しています。

『（外国人選手が明るく陽気でいられる背景には）身障者に対する社会一般の理解がそこにあるからなのである。彼等は暗くなる理由がないのである。彼等は一個の人格として社会から認められているし、従って一人の人間であるという自覚をもっているのである。（中略）日本に於て身障者が、いつになったらあのような気持ちで社会生活を送れる日が来る事やら。一日もその日が早く来る事を祈るかぎりである』

（『東京パラリンピック大会報告書』より）

長谷川選手が記す「一個の人格として社会から認められ、一人の人間であるという自覚」は、D&Iの根幹とも言えるものです。

「パラリンピック」が正式名称となったのは、１９８８年のソウル大会からでした。東京オリンピック・パラリンピックでは、「Know Differences, Show Differences（ちがいを知り、ちがいを示す）」のアクションワードのもと、D&Iを大会ビジョンに掲げています。スポーツの世界は、様々な多様性の縮図のようでもあります。東京２０２０オリンピック・パラリンピックを一つの契機として、D&Iが、身近なものとして認識され、個人や地域、企業や自治体へと浸透し、社会の変容につながることを期待します。

（４）スポーツと企業活動

日本におけるスポーツは、学校教育における「体育科教育」として発展し、人格形成・身体形成に有益である、という考え方のもと広く浸透してきました。スポーツは「教育」の一環であり、プロとして稼ぐとか、ビジネスとして考えることに抵抗感があったことが、スポーツビジネスが進まない要因だとも指摘されています。しかしグローバルでは、競技スポーツの市場規模は拡大傾向にあり、日本においても、ＩＴ技術の効果的な活用や、スポンサーシップ市場の拡大、大学や企業、他の産業と連携した活動など、関連産業まで含めるとその市場規模は大きく、裾野は広がっています。スポーツ庁では、「スポーツ基本計画」を定め、スポーツ産業の活性化を意図し、２０２５年までにスポーツ産業の市場規模を１５・２兆円に拡大する目標を掲げています。

ラグビーワールドカップや東京オリンピック・パラリンピックの開催など、スポーツビジネスへの関心はかつてなく高まっています。様々な企業活動において、スポーツはビジネスに直結するだけでなく、自組織のイメージやブランド力向上にもつながる魅力的なコンテンツとなっています。だからこそ、スポーツにおけるダイバーシティ（多様性）について、これまで以上に感度を高め、適切な対応が求められます。

例えば、世界的スポーツブランドであるナイキは、１９９７年、東南アジアの委託工場で、低賃金労働、劣悪な環境での長時間労働、児童労働、強制労働が発覚し、世界的な不買運動に発展し大きな打撃を受けました。これ以降、同社はＣＳＲ（企業の社会的責任）を重視し、ＣＳＶ経営（第2章参照）へと大きく舵を切りました。黒人歴史月間にあわせて著名アスリートが出演する「ＥＱＵＡＬＩＴＹ」というキャンペーンを開始したり、ナイキジャパンと渋谷区が協働して地域の社会的課題を解決していく「シブヤ・ソーシャル・アクション・パートナー協定（S‐SAP協定）」を締結するなど、社会課題の解決にも力を入れています。また、女性のスポーツ参加を支援するために、アジア人向けスポーツブラの開発や生理の悩みへのアプローチを開始したり、LGBTアスリートを起用したCMや、女性のリーダーシップを応援するようなCMを積極的に作成しています。自社のビジネス戦略にダイバーシティ推進を組み込んだ事例と言えます。

アウトドアスポーツブランドであるパタゴニアは、エコフレンドリーな企業として広く認知されていますが、２０１９年には「私たちは、故郷である地球を救うためにビジネスを営む」という経営理念を掲げました。組織も多様性の一部であり、持続可能な成長をするためには、その多様性を強く意識したビジネス戦略が不可欠であるという考え方のもと、環境保護活動をビジネスの中心に置き、社員のみならず、すべてのステークホルダーに、問題解決の当事者としての行動を求めています。

スポーツを通して、社会課題を自社のビジネス戦略と結び付けながら、その解決に取り組み、新しい価値体系を提供することで、自社の発展につなげるという発想を持つ日本企業は、残念ながらまだ多くはありません。今後は、スポーツビジネスにおいても、D&Iの視点に着目することが重要となるでしょう。

◆第5章　アンコンシャス・バイアスに対処する

近年のダイバーシティ推進のキーワードとなっているのが、「アンコンシャス・バイアス(Unconscious bias＝無意識の偏見)」です。多くの企業が、アンコンシャス・バイアストレーニングを強化しています。アンコンシャス・バイアスは何が問題なのか、適切に取り扱うとどのような変化が起きるのか。D&I推進の成功のカギを握るとも言われている、アンコンシャス・バイアスについて、詳しく紹介していきます。

5・1　アンコンシャス・バイアスが注目される理由

5・1・1　望む変化が起きないのは「アンコンシャス・バイアス」のせい？

アンコンシャス・バイアス研修を行う企業の中には、専任部署をつくって長年ダイバーシティ推進に取り組んでいる企業も多くあります。女性活躍を始め、グローバル化への対応や障害者、LGBT対策、働き方改革など様々なテーマに積極的に取り組み、制度や仕組みも十分整備されています。それでも、アンコンシャス・バイアス研修を始める理由は何でしょうか。

担当者が口をそろえて言うのは、意識が変わらないと変化が起きない、ということです。

ダイバーシティ推進や女性活躍に、頭から異を唱える人は少なくなりました。けれど、管理職がダイバーシティを経営の中心に据えて本気で取り組んでいるか、というと、どうも怪しい。リップサービスや総論賛成・各論反対が多い、というのです。

「うちは特殊だから難しいと、言いわけを繰り返す」「多様性のネガティブな経験やデメリットばかりを強調する」「多様な人を受容するとか尊重する、という共感力がない」「セクハラやマタハラ、パタハラをなくすには、無意識の偏見に自覚的になってもらう必要がある」といった声も少なくありません。

経営トップや管理職の意識が変わらない限り、行動にはつながりません。行動しないことには実際の変化は起きないのです。けれど、意識を変えるというのは本当に難しいことです。アンコンシャス・バイアストレーニングは、この意識に働きかけ、大きな変化を起こす起爆剤として期待されています。

5・1・2　心理的安全性とアンコンシャス・バイアス

D&I経営において、「心理的安全性」が、職場の生産性を高め、イノベーションを生み出す重要なキーワードであることは、第2章でも述べたとおりです。アンコンシャス・バイアスは、この心理的安全性を阻害する要因とも言われています。アンコンシャス・バイアスの蔓延している職場の雰囲気は、どのようなものでしょうか。相手の話を十分聞かずに自分の価値観を押し付けたり、自分に都合のよい解釈で相手を判断したり、思い込みや先入観、固定観念で決めつけたり——このような職場では、本音を話したり、自分の意見を聞いてもらえるという安心感は望めません。心理的安全性とはほど遠い職場だと言えます。

アンコンシャス・バイアスに対して敏感になり、適切に取り扱うスキルを身に付けることは、職場の心理的安全性を高め、組織のパフォーマンスを向上させるためにも有効です。

5・1・3　ダイバーシティ炎上を起こさないために

アンコンシャス・バイアス対策は、組織の中だけに必要なものではありません。実は組織の外、社会との接点においても不可欠の要素となっていることをご存知でしょうか。

近年、企業の製品CMやブランディング目的の動画が、炎上するケースが増えています。「ジェンダー炎上」という言葉は、CMやコンテンツの中で描かれた固定的な女性像・男性像がインターネットなどを通して、不特定多数の視聴者・読者の目に触れ、強く批判され、企業や団体のブランドイメージが傷付いたり、信用が失墜することを言います。男女の生き方や働き方が大きく変わったにもかかわらず、古い価値観や固定観念で制作したCMが、消費者の批判を浴びているのです。企業の情報発信が炎上するケースは、ジェンダーに限りませんが、人種、障害、ＬＧＢＴなど、Ｄ＆Ｉ推進の動きに無頓着、無自覚であるがゆえに、批判を浴びてしまう企業は後を絶ちません。

なぜこのようなことが起きるのでしょうか。ジャーナリストの治部れんげ氏は、著書である『炎上しない企業情報発信』（日本経済新聞出版社）の中で、炎上事例の共通点を次のように分析しています。
・狙って炎上を起こしているわけではない。
・企画・制作の過程で「この表現では問題が起こるかもしれない」という議論がなされていない。配慮が欠けている。
・自分たちの発信で気分を害したり傷付いたりする人がいることへの想像力が欠如している。
・チームに女性がいないか少ない。いても男性的な視点を持った女性の場合が多い。制作のプロセスにおいて多様性がない、異論を言える雰囲気・場がないことも一因でしょう。多くの炎上事例は、「気づかなかった、そんなつもりはなかった」というもの。これこそ、まさにアンコンシャス・バイアスそのものです。治部氏は、ジェンダーの基礎知識を少しでも身に付けていたら、幾つかの事例は防げた可能性が高い、としています。そして、ジェンダーの視点をビジネスの新しい教養として身に付ける重要性を強調しています。世界で評価される表現は、社会問題への取組みを訴えるものに変化しています。

世界的に有名なカンヌライオンズ広告賞では、2015年、社会変革を目的とする広告やキャンペーン（特に女性の人権問題や性別役割規範を問い直すクリエイティブ）を表彰する、「グラスライオン賞」が設けられました。賞の設置には、クリエイティブの力が生活者の行動に与える影響は大きく、ときには社会や文化さえも変える力を持っていること。広告に携わる者は常にその力に責任を持ち、より良い社会のために何ができるか、何を変えたかを考える機会にしてほしい、という思いが込められています。管理職や役員など経営層に女性が少なくない欧米では、ジェンダー平等を企業発信に織り込むことが、社会的責任とビジネス双方の観点から必要と考える企業が増えています。

短期的な販売促進のためではなく、社会を良くすることが長期的な企業の経済価値につながる、という価値観に基づいたCMや情報発信をすることが、世界の大きな流れになりつつあります。しかし、日本企業の多くは、このような変化に気づいていないのか、無関係だと思っているのか、非常に鈍い反応を示しているようです。治部氏は、企業情報発信における「暗黙のルール」が変わったことを、次のように捉えています。

『ジェンダーに関する社会問題を理解し、問題解決に向けた提案を、製品ブランドと結び付けて発信することが評価される新しい価値体系』

その台頭についてしっかりと目を向けなければ、消費者に見放されてしまう危険性はますます大きくなるでしょう。ダイバーシティ炎上を起こさないためにも、個人や組織の中に埋め込まれたアンコンシャス・バイアスをしっかりと自覚し、意識的に対処することが重要となります。「ジェンダーはビジネスの新しい教養」という治部氏の言葉を借りるなら、アンコンシャス・バイアスこそ、まさにビジネスの新しい教養とも言えるでしょう。

5・2　アンコンシャス・バイアスとは何か

5・2・1　人は高速思考で判断・評価している

アンコンシャス・バイアスとはどのようなものでしょうか。まずは、次ページの二つのイラストを見てください（図５・１）。あなたには何に見えますか？

一つめ（左）は壺に見えたり、向き合う人の横顔に見えたり。二つめ（右）は横を向いたウサギあるいはくちばしの長いアヒルでしょうか。見る角度や見方によって異なるイラストが見えましたね。

どちらが正しいということはありません。私たちの脳は常に自分が見たいようにものを見ています。そして見たものを事実だと思います。きっと周りの人も同じように見ているだろ

う と考えます。脳には、物事を素早く捉え認知し判断する機能があるのです。私たちは常に「高速思考」で大量の情報を処理し、判断評価しています。素早く行動するためには欠かせない思考スタイルです。

図5・2の職業から、あなたはどのような人を思い浮かべますか。年齢？　体型は？　性格は？　それぞれの職業から、すぐに「この職業の人はきっとこうだろう」と、ステレオタイプ的なイメージを思い浮かべた人は多いのではないでしょうか。

私たちは、これまでの経験や知識、情報から職業とタイプや属性を素早く紐付けてものごとを理解しようとしますが、そこには認知のゆがみや偏りが生じることがあります。少しじっくり考えると、消防士には女性もいるし、看護師には男性もいます。モデルも社長も様々な人がいて、必ずしも一つのタイプに収まるものではない、ということに気づくはずです。

（1900年　ジャストロー作）

（1921年　ルビン作）

図 5.1

カテゴリーによるステレオタイプ化は人間の特性であり、その助けによって素早く考えられるメリットもあります。一方でステレオタイプは通常、否定的な要素を含むことが多く、カテゴリーされた属性に対する肯定的な見方が少ないのが特徴です。ステレオタイプを生む高速思考は、物事を単純化しすぎたり相手への先入観となったり、思い込みや決めつけを生む可能性があります。

5・2・2　自分自身が気づいていない思考のゆがみや偏り

アンコンシャス・バイアスとは、「自分自身が気づいていないものの見方や捉え方のゆがみ・偏り」を言います。誰もが持っているもので、良い悪いというものではありません。しかし、その情報や知識が偏っていたり思い込みによるものであっても、自動的に瞬時に処理するため修正することができません。問題は、無意識に関連付けたことが、ネガティブな言動やしぐさとなって、相手や周囲によくない影響を与えることにあ

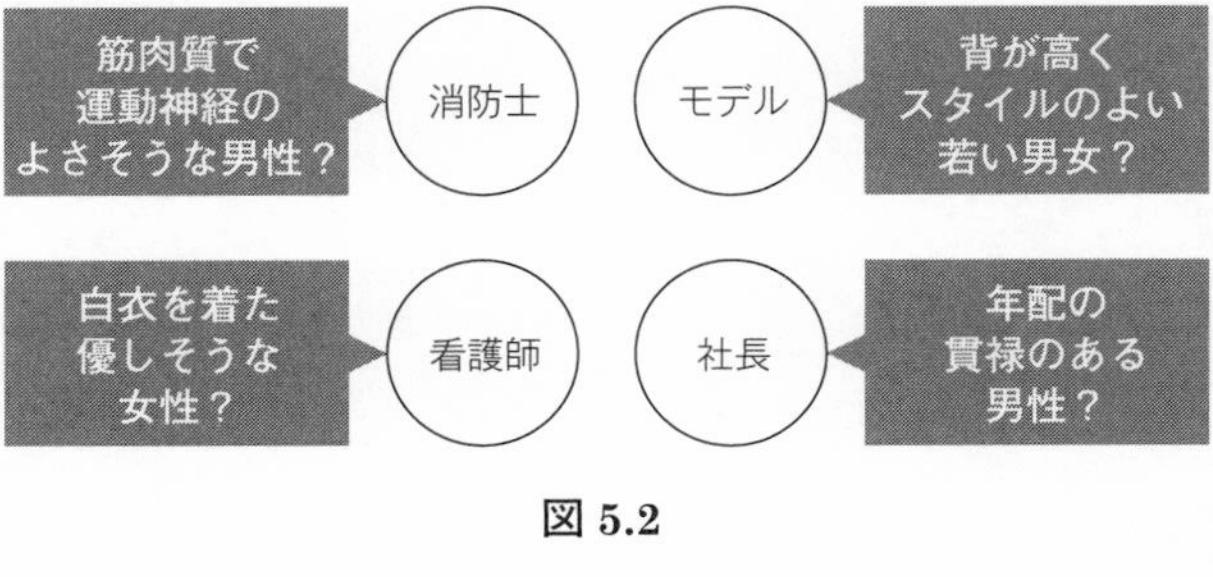

図 5.2

ります。

多くの人は、誰に対しても自分は平等に接しているし、自分が差別をしているとは思いたくないでしょう。善良でありたいという人は多いはずです。「無意識」に起こる思考が差別的だったり思い込みに捉われている、とは考えていません。しかし、残念ながら誰もアンコンシャス・バイアスから逃れることはできないのです。

私たちはどの程度バイアスを持っているのか、それを浮き彫りにするテストがあります。

１９９４年にハーバード大学のマーザリン・R・バナージ氏とワシントン大学のアンソニー・G・グリーンワールド氏によって開発されたIAT（潜在連合テスト）です。潜在的な偏見を測る意図で開発されたIATは、現在世界中の研究機関で使われており、ハーバード大学のプロジェクト・インプリシットのウェブサイトだけでも、１８００万回以上のアクセスがあります。

人種や性別、年齢など様々な属性において、私たちは無意識の選好をしており、そのことが偏見や先入観につながっていることを知るテストは、現在多くの企業がダイバーシティ研修に取り入れています。その目的は、自分が差別的な人間だということに気づかせることではありません。知らないうちに、固定観念や先入観を持ってしまうのは仕方のないことであり、どんなに努力をしてもそれをなくすことは困難だということに気づいてもらうことが重要なのです「無意識」を「意識化」することで対処しやすくなるからです。

ＩＡＴを受けてみたい方は、下のＱＲコードからアクセスしてください。

IATテスト

アンコンシャス・バイアスは些細な言動や何気ない行為に含まれており、「よくあること」「気にする人のほうが悪い」と見過ごされがちです。しかし、そのまま放置すると社員のモチベーション低下やハラスメントの増加、職場のコミュニケーション不全、ひいては組織や個人のパフォーマンス低下など様々な弊害を生みます。

５・２・３　「思い込み、決め付け、押し付け」に気をつけよう

あなたの職場では、このような言動はありませんか。

◎いつもの会話の中にあるアンコンシャス・バイアス

・血液型で相手の性格を決め付けてしまう。
・「大阪の人は○○だ、東京の人は○○だ」などと出身地と紐付けて考えてしまう。
・「普通は○○、それって常識」という言葉が口癖になっている。
・「男らしく、女らしく、若者らしく」などの「らしさ」にこだわることがある。

・「昔はよかった。昔は当たり前だった」とやたら昔の話をする。
◎職場の中にあるアンコンシャス・バイアス
・中途入社を意識せず、新卒採用が当たり前のような発言をしてしまう。
・雑用や事務的な仕事は若手や女性がする仕事と決め付けている。
・本社は上から目線、稼ぎ頭の部署の人は威張っているといった意識がある。
・上司やリーダーにならないかと言われても「自分には無理、できっこない」と断る。
・「どうせ言っても聞いてもらえない」と最初からあきらめる。
ある企業の課長が「最近異動してきた若手の男性は覇気がない。指示待ちで頼りない。もう少し元気よく積極的に発言してもらいたい」と愚痴をこぼしていました。「会議の司会や顧客の前で発表させるなど、経験を積ませたらどうですか」と言うと、「大した意見も持っていないのに、恥をかくだけだ！」との返事。部下に対して「大した意見も言わない奴」というレッテルを張り、「未熟な意見を言うのはよくないこと」という思い込みで、部下に向き合っているのです。そのような上司の前で、部下は自ら発言するでしょうか。「どうせ発言しても馬鹿にされるだけ。意見を言わないほうが安心・安全。上司の前ではおとなしくしていよう」部下がそう考えているとしたら？　部下が発言しないという状況をつくり出しているのは、上司のアンコンシャス・バイアスが原因かもしれません。

また、アンコンシャス・バイアスは、自分への強すぎる（ネガティブな）自己イメージとなって現れることがあります。周囲からは十分能力があると認められているにもかかわらず、自分を過小評価してしまい、チャレンジや可能性を阻害する要因となります。アンコンシャス・バイアスは、相手や自分への思い込み、能力や相手への決め付け、価値観や理想、解釈の押し付けとなって、自分自身や相手のモチベーションを下げたり、ストレスを与えることになるのです。

5・2・4　人事領域のアンコンシャス・バイアス

特に採用や評価、育成、配置・昇進など人事に関わる部分では、アンコンシャス・バイアスの影響は大きいものがあります。自分では平等・公平に見ているつもりでも、無意識の偏見に捉われていると、結果として評価や昇進などキャリアに差を付けてしまうことがあります。次のようなことを感じたり、思ったことはありませんか？

・メールだけの相手より、面談した人のほうが信用できると思う。
・外国人は自己主張が強すぎて使いにくい。
・自分の成功体験にこだわり、相手にそのやり方を押し付ける。
・短時間勤務社員に責任ある仕事を任せるのは負荷が高いと思う。

・育休を取得する男性社員は仕事への責任感が足りないと思ってしまう。
・上司は部下よりも知識や経験が豊富であるべきという意識が強い。
それは、本当にそうでしょうか。その考えは適切ですか。

特にリーダーや管理職の方は、マネジメントする際に、ぜひ次のような質問を自分に投げかけてみてください。
・自分と似たようなタイプの人ばかり評価していないだろうか。
・リーダー候補をあげる際に「この人は向いていない」と考えるなら、それは何を意味しているだろうか。
・重要なクライアントとのミーティングや大型案件のプロジェクトを任せるのは誰だろうか。それはなぜだろうか。
・推薦に迷ったり、評価に悩むとき、そこにはどのような考えがあるだろうか。
・部下を昇進、昇格させる際に不安に思うこと、リスクを感じることは何だろうか。
自分の無意識を疑い、検証するモードを意識し、バイアスを介在させないような仕組みややり方について考えることが重要です。

5・3　どのような弊害が起きる？

5・3・1　アンコンシャス・バイアスは「炭鉱のカナリア」

筆者は様々な組織で、特に経営層や管理職層を対象にアンコンシャス・バイアストレーニングを実施しています。研修では、自分や職場にあるアンコンシャス・バイアスを出してもらうワークを実施していますが、上位職になるほど出にくい傾向があります。若手や女性、途中入社の社員、外国人などマイノリティと言われている人たちが参加する研修では、具体的で実体験に基づいたアンコンシャス・バイアスが次々と出てくることが多く、対照的な光景です。なぜこんなにも違うのでしょうか。そこには三つの要因があると考えられます。

① 組織の同質性が非常に高く、他者や周囲への想像力が働かないことが多い。
② 古い習慣や慣習に捉われている。仕事のやり方が時代に合わなくなっているが、その変化に気づいていない。
③ 「鈍感力」が高く、アンコンシャス・バイアスに対して「それくらいのこと」「あって当たり前」「それを乗り越えることで一人前になる」という意識が強く、思い出せないか、あっても気にしていない。共感力が低い。

このようなときにいつも伝えるのは、自組織にあるアンコンシャス・バイアスが出てこない、気づいていないことの危険性です。職場のアンコンシャス・バイアスは「炭鉱のカナリア」のようなものです。炭鉱のカナリアとは、何らかの危険が迫っていることを知らせてくれる前兆を言います。アンコンシャス・バイアスの蔓延している組織は、小さなとげのような言葉や態度が飛び交い、空気がよどんだ状態だと言えます。そのような職場の雰囲気に、若手や女性、マイノリティは息苦しさやストレスを感じていますが、よどんだ空気に慣れた管理職はその様子に気づいていないとしたらその組織はどうなっていくでしょうか。

5・3・2　個人も組織も大きなダメージを受ける

アンコンシャス・バイアスの悪影響は、個人に対してはもちろんのこと、組織全体に波及します（表5・1）。特に、経営層や管理職のアンコンシャス・バイアスは、企業のパフォーマンスや意思決定に大きな影響を与え、対応を怠れば、職場全体のモチベーション低下、ダイバーシティ推進の阻害、生産性低下など、深刻な問題に発展し、場合によっては、ハラスメントの告発や業績不振など、組織が社会的信用を失うきっかけにもなり得ます。アンコンシャス・バイアスを放置することは、企業の経営リスクの増大につながります。

5・3・3　マジョリティの持つ「力」を自覚する

とりわけ経営層や管理職が注意するべき理由は、リーダーは組織のマジョリティであり、様々な力を持っているからです。

「特権」とは、集団社会に属していることで労なく得ることができる優位性を言います。日本人であること、男性であること、正社員であること、学歴が高いことなどは、社会や組織における優位性として機能します。「ポジションパワー」は、組織における制度上の地位・肩書きが持たせる、より具体的な力です。管理職は部下の評価や育成、仕事をアサインする役割を担っています。「ポジションパワー」に無自覚なまま発する、何気ない一言や些細な行動に、立場の弱い人たちは恐れや不安を抱き、ストレスや無力感を感じることがあります。

また、文化やコミュニティによる支持あるいは

表 5.1

個人への影響	組織への影響
個人の問題 モチベーション低下 無気力 思考停止 疎外感・孤立感の増加 職場へのあきらめ 遠慮がちになる イライラやストレスが増える 挑戦できなくなる	職場の停滞感 コミュニケーション不全・相互不信 離職率の増加 ハラスメントの増加 個人や組織のパフォーマンスが低下する 活力低下 イノベーションが生まれにくくなる

個人の資質などによってもたらされる「ランクの力」というものもあります。「社会的ランク」は、社会的な価値観や文化によって形成されている序列であり、上司、部下、性別、年齢、資産、学歴、専門性、婚姻の有無等によって、力関係に変わり得るものです。「文脈的ランク」は、その場の状況において一時的に付与される序列を意味します。中途採用者・異動者、途中から加わった会議、知り合いのいないパーティ、専門用語や隠語などが交わされる会話、主要人物との距離の近さ等も関係性に影響を与えます。

力のある人が発する何気ない無自覚な言動を、「マイクロメッセージ（小さなメッセージ）」や、マイクロアグレッション（小さな攻撃・自覚なき差別）」と言います。例えば、眉をひそめる、腕組みをしながら話を聞く、相手を見ずに話を聞く、相手を軽く扱うような発言をする、など。周囲の人はどのように受け取っているでしょうか。また、次のような口癖をどう感じますか？

意外と○○だね／普通は……／それって常識だよ／みんなそう言ってる／で？／何が言いたいの？／でもさ／いやいや／前例がない／ただね／どうせ／絶対／いつも／これくらいのこと／だから○○なんだ！　等々。

どれも取るに足りない小さなことかもしれませんが、力がない（と思っている）人にとっては、違和感を覚えたりストレスになったり、不安や恐れにつながることもあります。一方、「力＝パワー」を持っている人の中には、自分の力に無頓着であったり、気づいていないことが多くあります。「こんなことぐらい？　どうして気にするの？　言えばいいのに」と、自分の振舞いを正当化したり、相手にも問題があるような言い方をすることがあります。そのことが、ますます相手の不安や無力感を強めていくのです。力を持っている人ほど、自分自身の持つ「力」を自覚し、意識的に取り扱う必要があります。

5・4　D&Iに関わる代表的なパターン

アンコンシャス・バイアスには様々なパターンがあり、一説には、１８０種類以上あると言われています。ここでは、多様な人がいる職場で起こりやすいバイアスの代表的な例を紹介します（表5・2）。職場や自分の中にどのようなアンコンシャス・バイアスがあるか、考えてみましょう。気づこうとすることが、アンコンシャス・バイアスを取り扱う第一歩となります。

表5・2

個人	ポジティブハロー効果	相手の良い面や好ましい点を見るとすべてがよく見え、実際以上に高い評価をしたり甘くなってしまう
	ネガティブハロー効果	相手の良くない面を見て、すべてを否定的に見たり、実際以上に低い評価をしたり厳しくなってしまう
	ステレオタイプバイアス	あるグループに所属する者には特定の特徴があると判断する
	確証バイアス	仮説や信念を検証する際にそれを支持する情報ばかりを集め、反証する情報を無視、または集めようとしない
	慈悲的（好意的）差別	少数派に対する好意的ではあるが勝手な思い込み
	インポスター症候群	自分への過小評価・可能性を閉ざしてしまう思い込み
	自己奉仕バイアス	成功は自分の手柄であり、失敗の責任は自分にはないと思い込む
	バラ色の回顧	過去を美化してしまい、今を否定してしまう
	ダニング・クルーガー効果	等身大の自分を客観視せず、よく見せようと過大評価してしまう周りに対して強がったり欠点を認めようとしない／欠点を指摘されると反発したくなる
組織	正常性バイアス	危機的状況になっても、自分にとって都合の悪い情報を無視したり、過小評価したりする

集団同調性バイアス	集団に所属することで、同調傾向・圧力が強まり、周囲に合わせてしまう
アインシュテルング効果	慣れ親しんだ考え方やものの見方に固執してしまい、他の視点に気づかないか無視してしまう
コミットメントのエスカレーション	過去の自分の意思決定を正当化し、自分の立場に固執したり、損失が明確でも引けなくなってしまう

5・5　発生のメカニズムを知る

5・5・1　アンコンシャス・バイアスを生む脳の機能

アンコンシャス・バイアスについては、世界的に関心が高まっています。筆者は、２０１３年のＧＳＷ（Global Summit of Women＝世界女性サミット）マレーシア大会で初めてこの言葉に出会い、世界中の経営者やダイバーシティ担当者が、強い関心を持ってトレーニングに取り組んでいることを知りました。また、米国の人材開発や組織開発のカンファレンスでも注目を集めているテーマです。最近では、アンコンシャス・バイアスについて、脳科学の視点で考え対処する動きが加速しています。

2018年、米国で開催されたニューロリーダーシップ・サミット（Neuro Leadership Summit）に出席した、（株）ヒューマンバリュー川口大輔氏のレポートによると、バイアスを生む脳の機能には、自分と似ている人をより高く評価したり、自分が正解だと感じたことを事実だと思ったり、経験したことは正しいと思ったり、時間的にも空間的にも近いところにいるほうを好んだり、良いことよりも悪いことに影響を受けやすい、といった傾向がある、とのことです。

脳科学的には、「アンコンシャス・バイアス」が発生するのはごく自然な現象です。バイアスをなくすというよりも、「バイアスはすべての人にあるし、なくならない」ということを前提として受け入れ、その対処法を考え実践することが重要です。

5・5・2　発動するきっかけはエゴ・習慣・感情スイッチ

誰もが持つアンコンシャス・バイアスですが、それが発動するきっかけには幾つかの要因があると考えられます。

一つめは、自分を守ろうとする「エゴ」です。不安や恐れ、ストレスが生じると、脳はそれを回避しようとし、無意識に自分にとって都合のよい解釈や言動を取ります。自分を正当化したり、自分をよく見せたいと考えたり、自分にとって心地よい状態を保ちたいという、自己保身の表れでもあります。


例　失敗やミスがあっても自分のせいではなく、相手のせいだと考える。

育児や介護中の社員は不確定要素が多くリスクが高い、だから重要な仕事を頼まない。

仕事はできるが感情的になる部下には厳しい評価をする。

仕事でもプライベートでも、親しい部下のほうが何かとものを頼みやすい。


二つめは「習慣や慣習」です。慣れ親しんだ環境や当たり前、常識だと思っていたことが、時代に合わなくなったり、多様性が増す中でズレが生じているにもかかわらず、それに気づかないままに行う言動が、違和感を生んだり、ストレスを与えることとなります。同質性が高く暗黙のルールが強くある組織ほど気をつける必要があります。


例　仕事最優先で働いた時代のマネジメントが抜け切れず、家庭や生活を大事にする社員に対して嫌味や愚痴を言う。

介護や育児は本来女性の仕事だという意識が抜けない。

飲み会や懇親会が少なくなるとコミュニケーションが取れないと思う。

こんなこともハラスメントになるのかと疑問に思うことが多い。

三つめは「感情スイッチ」です。感情スイッチとは、その人特有の「囚われやこだわり」

や「劣等コンプレックス」、また不安感や感情を呼び起こすポイントを意味します。感情スイッチを刺激されると、人は本能的に「自己防衛反応」を取ったり平静ではいられなくなります。自分を守るために、他者や現実を客観的に見ることができなくなったり、ときには攻撃的な言動を取ることがあります。

例　出身大学や出身地が気になる。

仕事と家庭の両立ができていないことで両方に負い目がある。

中途入社だと出世できないような気がする。

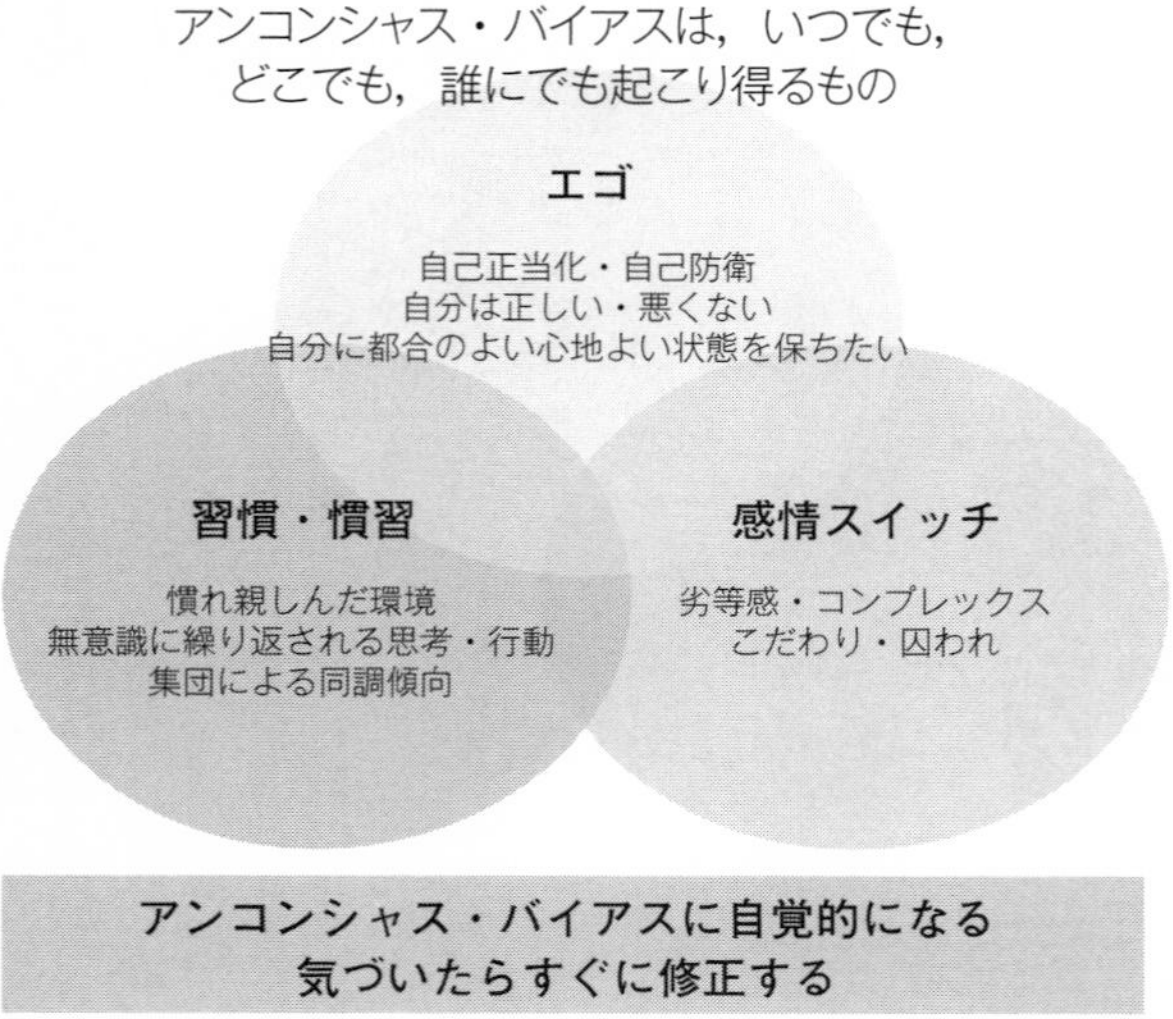

アンコンシャス・バイアスは，いつでも，
どこでも，誰にでも起こり得るもの
エゴ
自己正当化・自己防衛
自分は正しい・悪くない
自分に都合のよい心地よい状態を保ちたい
習慣・慣習
慣れ親しんだ環境
無意識に繰り返される思考・行動
集団による同調傾向
感情スイッチ
劣等感・コンプレックス
こだわり・囚われ
アンコンシャス・バイアスに自覚的になる
気づいたらすぐに修正する

図 5.3

アンコンシャス・バイアスは、「いつでもどこでも誰にでも起こり得るもの」です。だからこそ、そのことに自覚的になり、自分自身の思い込みに気づくこと、そして気づいたらそれを修正する行動を取ることが必要となります。それだけでも、確実にお互いの関係性に良い影響を与えるでしょう。

5・6　効果的に対処する

5・6・1　自己を知る「メタ認知」

アンコンシャス・バイアスに気づくためには「メタ認知」が重要となります。メタ認知とは、自分を客観的に見る能力。自己認知力とも言えます。怒りの感情が湧いたときに、「自分は今、怒っているな。○○するべきだ、と思っているな」と少し客観的に自分を捉えてみる力です。「これってアンコンシャス・バイアスかな?」「自分は今、アンコンシャス・バイアスに捉われていないだろうか」と、自分が持つバイアスと向き合い、それが周囲にどのような影響を与えているかを自覚する。それがアンコンシャス・バイアスを取り扱うための第一歩となります。感情的になりそうなとき、思わず反応してしまったとき、一呼吸おいて自分を俯瞰して、見つめ直してください。

メタ認知を高めるためには、自分の思考・言動のパターンを客観的に捉えることが有効です。例えば、以下のような質問についてどう思いますか。強く賛同するか。そうは思わないか。深く考えず、すぐに答えてください。

①　上司は部下よりも知識や経験が豊富でなければならない。

②　女性には女性に向いている役割がある。

③　残業や急な用件に対応できない人に重要な仕事は任せられない。

あなたはどのような判断をしたでしょうか。質問の背景や前提がわからないと答えにくかったかもしれません。瞬時に出した答えの奥には、自分なりの解釈やこれまでの経験や価値観、信念が含まれています。「○○でなければならない、○○すべき、○○に決まっている」などの思考を、ＭＵＳＴ思考と言います。この思考が強くあると、根拠のない思い込みや不適切な決めつけにつながることがあります。

メタ認知とは、自分はものごとをどのように捉えているのか、なぜそのような答えを出したのかを客観的に理解することです。自分の思考に気づくことからすべてが始まるのです。メタ認知力を高めると、自分の思考のクセや陥りやすいパターンに気づきやすくなります。自分の思考のプロセスを振り返り、次のようなステップを意識してみましょう。

ステップ1　**思考の一時停止**　起こったできごとにすぐに反応しない。
ステップ2　**アンテナを立てる（メタ認知）**　自分のものの見方、考え方、価値観に気づく。
ステップ3　**検証する**　自分の確信を疑い、検証する。アンコンシャス・バイアスに捉われていないか客観的に考える。
ステップ4　**選択肢を増やす**　評価・判断を一時保留し、他の選択肢を考える。
ステップ5　**成果に向けた対話**　相手の話をよく聞き、望む成果に向けて対話する。

普段の思考のクセを知り、言動に意識的になるだけで、アンコンシャス・バイアスに気づけるようになり、うまく対処することが可能となります。

5・6・2　個人として取り組むための五つのヒント

アンコンシャス・バイアスは、忙しいときやストレスが高いときほど起こりやすくなります。言葉が乱暴になったり挑発的になったり、自分に都合のよい解釈をしてしまいます。
まずは一人ひとりが自身の心の持ちように目を向け、穏やかな平常心を持つことが一番大切です。その上で、次のようなことを意識して行動に移してみましょう。

① **自己理解を深め、意識化する**
自分の思考・行動パターンへの理解を深め、アンコンシャス・バイアスに捉われていないか意識してみる。

② **自己開示を心掛ける**
まず自分にアンコンシャス・バイアスがあることを認める。自分や相手の言動に意識を向けて、違和感があったら表明する。

③ **職場のメンバーについての相互理解を深める**
雑談や気軽に声をかけるなど、コミュニケーションの質と量を高める。自分も相手も尊重する気持ちを持って接する。「これってアンコン？」を共通言語にする。

④ **意図的に好意的な行動を取る**
「何を言っても大丈夫」という安心・安全な場づくりを意識する。相手のネガティブな面ではなく、ポジティブな面を意識し肯定的な見方をする。

⑤ **フィードバックループを回す**
アンコンシャス・バイアスはメンバーがいるからこそ気づくと受け取り、お互いに

学び合う姿勢を持つ。

5・6・3　トレーニングの三つのステップ

組織として、職場のアンコンシャス・バイアスに対処するためには、体系立てたトレーニングを行うことが効果的です。その際には、「知る（マインドセット）」「気づく（アウェアネス・意識覚醒）」「行動する（スキルセット）」という、三つのステップでプログラムを考えます。

アンコンシャス・バイアスは、自分自身では気づかないことも多いため、自己学習よりも複数のメンバーで話し合う相互学習がより効果的です。職場のアンコンシャス・バイアスについて話し合うだけでも、対話が活発になったり、参加者同士の共感や信頼関係が深まるなど、目に見える変化が起こります。また、「気づき」を与えるワークは不可欠です。意識していない限りは、それは「見えていない」のです。見えていないものを取り扱うことはできません。「気づき」を生み出すための事例や動画などを活用し、「Ａｈａ！（ひらめき）体験」につなげます。「わかった、発見した！」という新鮮な体験によって、アンコンシャス・バイアスへの関心が高まり、学ぶ意欲が刺激されます。アンコンシャス・バイアスを「知り」、自身の言動を顧みて「気づく」ことで、アンコンシャス・バイアスを取り扱うマインドが形成されます。

アンコンシャス・バイアスに対処するためには、スキルセットと同じぐらいマインドセットに関わるトレーニングが大切です。マインドが形成されて、はじめてアンコンシャス・バイアスに「対処できる」ようになります。そして、行動のヒントとスキルを手に入れると、職場での実践が具体的にイメージできるようになります。

行動の基本はコミュニケーション力強化にあります。コミュニケーションの量（関わる頻度）と質（関わり方）を意識しながら、対話を深めていきましょう。また、アサーション（自己表現）やコーチング（他者支援）などのスキルも効果的です。

職場で実践する際には、アンコンシャス・バイアスを簡略化した「アンコン」というキーワードを広めることも大切です。「ハラスメントでは？」というと話がしづらくなりますが、「それってアンコン？　これってアンコン？」という表現だと、相手を責めたり批判することなく、気軽に話ができる雰囲気をつくりやすくなります。また、筆者がお勧めしているのは、ビジネススキルを応用することです。交渉力や論理思考力、対人思考力などを含めたロジカルシンキング、ファシリテーションは、多様な人がいる職場では不可欠なスキルですが、必然的に相手を理解したり客観的な思考法を磨いたり、Win-Win の発想に焦点を合わせやすくなります。常にアンコンシャス・バイアスに意識的になる、ということは難しく現実的ではありませんが、これらのスキルを身に付けることでより日常の中で対処しやすくなると考えます。

５・７　組織デザインで行動を変える

５・７・１　組織的に取り組むとどうなる？

アンコンシャス・バイアスに組織として適切に取り組むと、大きな成果が得られることは、様々な事例から明らかとなっています。

◎韓国政府、ブラインド採用で不平等を是正

２０１７年、韓国政府は、ブラインド採用（出身地、学歴、性別などの項目を要求せず職務能力で評価して採用する方式）を公共機関に義務付けました。施行２年めとなる２０１９年には、採用者における出身大学の分散化や非首都圏からの採用増加といった変化が見られ、特権や不公正な要素を減らすだけでなく、組織内の多様性や組織適応度など、効率性も改善していることが明らかとなりました。

◎差別を指摘されたグーグル、全世界2万人にトレーニングを実施

２０１３年にグーグルは民間のメディア研究所から「日替わりの検索エンジンのロゴ

（グーグル・ドゥードゥル）が男女差別的である」との指摘を受けました。それは、イラストの中に出てくる人物が、圧倒的に白人の男性が多く、女性やマイノリティが極端に少なく多様性に欠けているものでした。指摘を受けたグーグルは、社員が偏見を理解し、多様な視点を持つ組織へと変わるために、２０１３年5月から「アンコンシャス・バイアス」と名付けた教育活動を開始し、全世界で2万人以上の社員がそのトレーニングを受けています。現在では、グーグル・ドゥードゥルの男女差・人種差は軽減されています。

◎登用を意識すると女性役員比率が急増！　英の企業役員は5・9％から３０・6％に

英国では、企業の役員に占める女性比率を3割に引き上げることを目的に、「３０％Ｃｌｕｂ」という非営利のキャンペーンが始まりました。キャンペーン開始時、英国企業における女性役員登用率は5・9％（２０１０年）でしたが、８年後（２０１８年）には３０・6％に急増しました。

また、最近の研究では、組織の多様性と生産性の相関関係も立証されています。スイス銀行によると、トップマネジメントにおける女性比率が５０％を超える企業は、全体平均よりも２８・7％以上も高い生産性を誇っています。

アンコンシャス・バイアスへの取組みは、組織のダイバーシティを推進し、企業が飛躍的に成長するためのチャンスになり得るのです。

5・7・2　バイアスの介在しない組織デザインを行う

アンコンシャス・バイアスは、個人のものだけでなく、社会や組織の中にも埋め込まれています。アンコンシャス・バイアスは私たちの頭の中にあるだけでなく、制度や慣行、風土として根を張っており、「暗黙のルール」として広く蔓延し、対策がより困難になります。

そのような状況を打開するにはどうすればよいのでしょうか。第２章で紹介したイリス・ボネット氏は、行動経済学のアプローチを提案しています。組織のデザインを変えることで状況を変えることが可能だというのです。詳細は『ＷＯＲＫ ＤＥＳＩＧＮ』[5]をお読みいただくとして、ここでは具体的な方法を幾つか紹介します。

◎評価・採用プロセスにバイアスを介在させない仕組みを導入する。
　履歴書から性別・年齢・名前などの情報を取り除く、自由面接を避ける、ステレオタイプが作用するような要素を排除する。

◎人事上の決定にデータを用い、アンコンシャス・バイアスが入り込まないようにする。
　計測できないものは修正できないため、データを収集、追跡、分析し、パターンと傾向を見いだし予測を行う。

プログラムの設計・開発、アルゴリズムに差別や偏見が入り込まないよう留意する。

◎リーダーには、自らの行動に対する説明責任を課してステレオタイプを抑え込む。

３６０度評価など、他者からのフィードバックや評価を受け取る仕組みをつくる。

◎チーム構成の多様性を活かす仕組みをつくる。

少数派のメンバーをトークン（目につきやすい象徴的存在）にしないよう、割合と人数に配慮する（３人以上、３割を意識する）。

◎模範的な事例を提示する。

成功事例を紹介したり、ランキングや表彰制度を活用しポジティブな評価を行う。

また、同氏は、バイアスを除去するには次の四つのステップが必要だとしています。

①　バイアスの影響を受ける可能性の認識
②　バイアスが働く方向性についての理解
③　バイアスに陥った場合の素早い指摘
④　頻繁なフィードバックと分析とコーチングを伴う研修の実施

行動変容の最も難しいところは、自分が好ましいと思っていたこと（あるいはまったく意識していなかった行動）をバイアスだと指摘されても、その指摘をすぐには受け入れられない、自分の行動を変えられないところにあります。意識や価値観を変えるのは非常に難しいのです。そうであるならば、適切なデザインや仕組みを導入することで、その行動そのものを変えるほうが、より効果的であるということです。

組織のデザインを変えることには大きなエネルギーと時間がかかります。アンコンシャス・バイアスに対処するためには、やはり身近な職場で、一人ひとりがアンコンシャス・バイアスに意識的になり、よりよいコミュニケーションを行っていくこと、そして組織としてバイアスを起こさない仕組み、デザインを導入することの両輪が必要だと考えます。

第6章　インクルージョンから始めよう

6・1　インクルージョンの裏口から入る

ここまでの章をお読みいただき、多様な人が暮らす社会、組織において「インクルージョン」が大事、ということはご理解いただけたと思います。しかし、そうは言っても何をすればよいのか、どのようなことが効果的かはまだよくわからない、何だか大変そう、という印象を持つ人がいるかもしれません。「相手を受容しなければならない、インクルーシブな組織にするべき」と考えたとたんに、堅苦しく難しいものになってしまいます。

大上段に構えずに、もう少し実践的で、興味を持って取り組めるやり方はないものか。筆者もそのような視点から、様々な手法を取り入れてきました。例えば、話し合いや会議を効果的に進めるファシリテーションは、多様な人がいる組織では不可欠なスキルです。また、アサーションのように相手と自分を尊重するコミュニケーションや、怒りをコントロールするアンガーマネジメントは、ハラスメントやメンタルヘルス対策にも効果的です。

前章でも紹介した、(株)ヒューマンバリューの川口氏が出席した、ＨＣＩ（Human Capital Institute）主催の「Inclusive Diversity Conference 2019」では、「ネゴシエーションをインクルージョンのバックドア（裏口）として活用する」という興味深い講演があったそうです。

スタンフォード大学ロースクールのメーガン・カーシュ氏によると、「インクルージョンに関心のない人も、ネゴシエーションを学ぶことには高い関心を示す」、そして、「ネゴシエーションに必要な傾聴や共感、相互理解はインクルージョンに必要なスキルとほぼ同じであり、皆がネゴシエーションを学ぶことでインクルーシブなカルチャーを築きやすくなる」と述べています。

筆者が、数年前に英国の大学に勤める友人から、アンコンシャス・バイアスについて学んだ際にも同様の話を聞きました。彼女は「アンコンシャス・バイアストレーニングには、NVC（非暴力コミュニケーション）や交渉力が効果的。自己認知や他者理解、共感、論理的思考力を高めることで、自分の思い込みや先入観に気づき、取り扱いやすくなる」と言うのです。

また、筆者の尊敬するグローバルリーダー育成のプロである船川淳志氏は、「多様な人と働く場では、論理を検証する論理思考力と他者の話を傾聴し受容・理解する対人思考力を鍛えることが重要だ」との見解を示しています。

インクルージョンを実現するためには、人々が受け入れやすいアプローチやメリットを感じる手法を活用することも重要です。「ビジネススキルを鍛えるという裏口から入り、真の目的であるインクルーシブな組織に変えていく」やり方は、意図を持って体系的に行うと成果につながりやすい戦略だと考えます。

6・2　最高の未来・最悪の未来――選ぶのはあなた

十年前、あなたはどこで何をしていましたか？　仕事や生活、社会はどのような状況でしたか？　十年前、想像もしていなかったけれども、今現実となって、あなたの仕事や生活、価値観や考え方に影響を与えていることはありますか？　ＩＴの進展やグローバル化、地球環境の変化など様々なできごとが、思わぬ形で私たちの仕事や生活に大きな影響を与えています。

Ｄ＆Ｉ経営を考えるとき、大切な視点があります。それは、目の前の問題に捉われすぎないことです。これまでのダイバーシティ施策はどちらかというと、過去の経緯や目の前の問題に気を取られ、確実な未来を予測し、対処するというやり方が一般的でした。

過去や現状から未来を考える手法をフォアキャスティングと言います。現在を起点として考えたり、過去からの延長線上に未来を描くため実効性は高いものの、できない理由に捉われたり、小さくまとまり革新的なアイデアは生まれにくいとされています。ダイバーシティ推進が成功しない理由は、ここにあるとも言えます。

Ｄ&Ｉ経営に必要なことは、バックキャスティングという視点を持つことです。バックキャスティングとは、起こり得る最悪の未来、起こしたい最高の未来を描きながら、目指す状態をつくり出し、未来を起点に現在を振り返り、今何をすべきかを考える手法です。未来からの発想法、未来思考ともいうものです。急速に浸透したＳＤＧｓは「誰一人取り残さない世界（最高の未来）のためには、２０３０年にどういう状態になっていないといけないか」という視点から成果目標を設定した、バックキャスティングの好例です。ダイバーシティは、これまでのやり方や考え方の延長で考えるのではなく、理想とする将来像を描くバックキャスティングの方法で考える必要があるのです。

この十年、想像を越えるできごとが次々に起こ

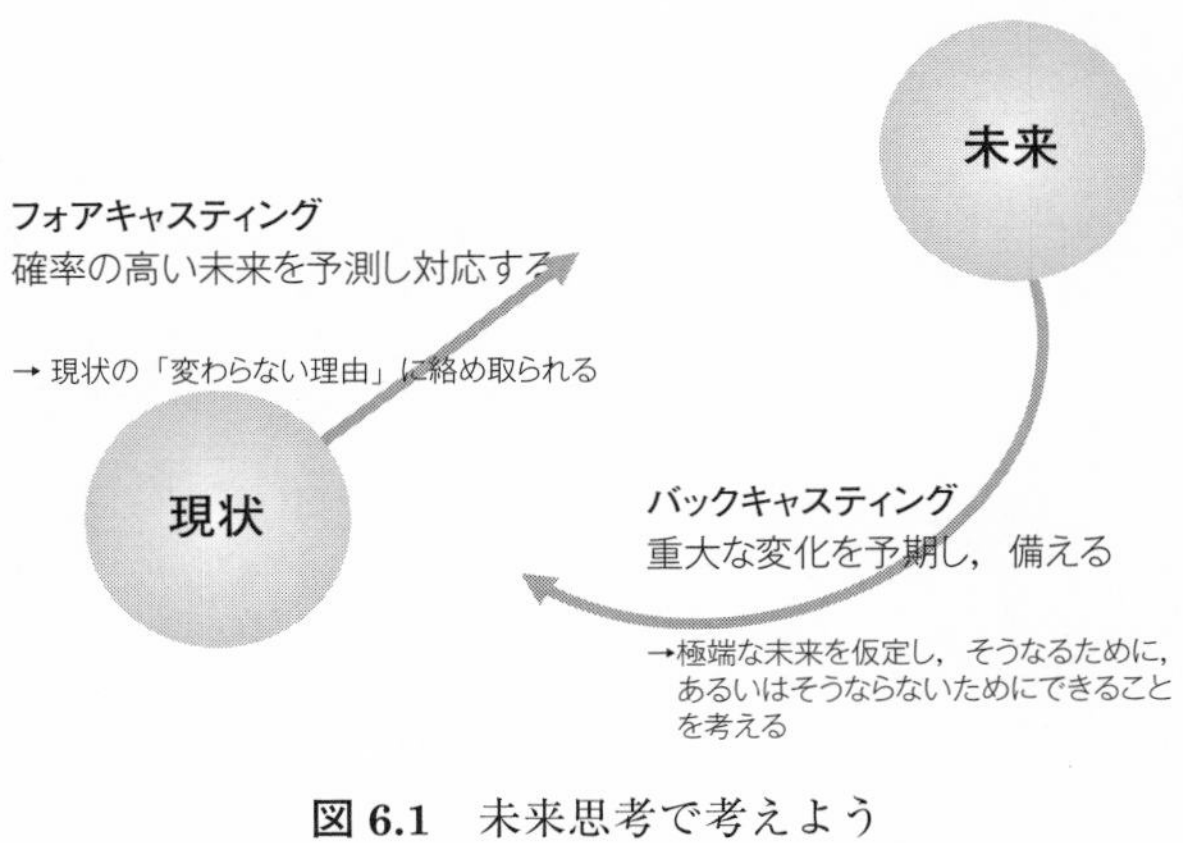
未来
フォアキャスティング
確率の高い未来を予測し対応する
→ 現状の「変わらない理由」に絡め取られる
現状
バックキャスティング
重大な変化を予期し，備える
→極端な未来を仮定し，そうなるために，
あるいはそうならないためにできること
を考える

図 6.1　未来思考で考えよう

っています。十年後、あなたの組織やあなたの生活はどのように変化しているでしょうか。変化の激しい時代には、未来を予測することは不可能です。どのような社会になろうとも、目指す姿を明確にイメージしながら行動を起こすことが、望む姿に近づく唯一の方法なのです。Ｄ＆Ｉ経営には、見えないものを見る力、自ら望む姿をつくり出す力が不可欠であり、そのためには、一人ひとりがありたい未来を強くイメージし行動していく必要があります。

私たちの前には、最高の未来も最悪の未来も訪れる可能性があります。今、何を目指し、何を選ぶのか、どう行動するのか、決めるのはあなたです。まずは、インクルージョンから始めてみませんか。多様な人が活かされる社会に向けて。

おわりに

ダイバーシティ&インクルージョン（D&I）の実現を使命と定め、活動を始めてから、気が付けば四半世紀になろうとしています。自分が望んだ未来に少しは近づいているのだろうか、そう振り返ってみると、遅々として進まない現実に苛立ちを感じることもあります。それでも、確かに時代は変わってきました。立ち止まっている猶予はありません。たとえ目の前が霧に包まれていようとも、遠くに見える小さな明かりを頼りに一歩ずつ進むしかないのです。

D&Iは、変化に対応したり、適応するために行うものではありません。変化を先取りする、いえ変化を引き起こしてこそ、その価値を発揮するのです。そのことに気づき始めた企業や組織、個人は、目線を高く上げ、境界線を飛び越えて、つながり、動き出しています。

２０１７年、東京で開催された「女性と経済」をテーマとした世界女性サミット（Global Summit of Women）や、２０１９年、G２０大阪首脳宣言において、女性のエンパワーメントに言及されたことは、新しい変化の兆しを感じるできごとでした。紡ぎ出された言葉の一つひとつに、様々な国の状況を包含しつつ、世界が一つになって目指す姿が編み込まれているのです。この二つの重要な大会に、思いがけず運営委員の一員として関われたことは、私にとって大きな財産となりました。

奇しくも両大会を通して一緒に活動させて頂いた、吉田晴乃さんの突然の死は大きな衝撃でした。吉田さんの強い意志としなやかな言動、まっすぐな行動力に触れ、これから様々な挑戦を共にできることを楽しみにしていた矢先のできごとでした。D&I経営についても、常に本質をついた発言で私たちを鼓舞してくれました。

『対立軸をつくらずに、視点を変え、相手と共通の目的、明確なゴールを共有することが大事。ダイバーシティ&インクルージョンって、人が人を受け入れるということじゃなくて、最終的には「相手を通して自分を知る」ってこと。相手を変えるのではなく、自分が変わる。すぐに成果を出さなくては、と焦る必要はないの。人生100年。自分を信じてゆっくり行けばいいのよ』

吉田さんの想いを胸に、D&Iの実現という、大きな夢に向かってこれからも歩き続けていきます。

最後に、なかなか筆が進まない筆者に忍耐強く付き合い、常にサポートしてくれたスタッフには、心より感謝します。そして、いつも私を励まし応援してくれる夫や家族に誰よりも感謝します。二人の孫娘が成長した未来は、今よりも素晴らしい時代となっていることを願って、筆をおくこととします。

２０２０年2月　著者

LGBT 読本—「ありのままの自分」で働ける環境を目指して，実務教育出版
［36］ 守屋智敬(2019)：「アンコンシャス・バイアス」マネジメント—最高のリーダーは自分を信じない，かんき出版
［37］ 山下梓，国際連合人権高等弁務官事務所(2016)：みんなのための LGBTI 人権宣言—人は生まれながらにして自由で平等，合同出版

［25］ ジョエル・バーカー，仁平和夫訳(2014)：パラダイムの魔力―成功を約束する創造的未来の発見法，日経BP社
［26］ ジョン・ガーズマ，マイケル・ダントニオ，有賀裕子訳(2013)：女神的リーダーシップ：世界を変えるのは，女性と「女性のように考える」男性である，プレジデント社
［27］ 白河桃子(2019)：ハラスメントの境界線―セクハラ・パワハラに戸惑う男たち，中央公論新社
［28］ 性的指向および性自認等により困難を抱えている当事者等に対する法整備のための全国連合会(2019)：日本と世界のLGBTの現状と課題―SOGIと人権を考える，かもがわ出版
［29］ ダニエル・カーネマン，村井章子訳(2014)：ファスト＆スロー―あなたの意思はどのように決まるか(上,下)，早川書房
［30］ デロイトトウシュトーマツ(2018)：SDGsが問いかける経営の未来，日本経済新聞出版社
［31］ 林香里，小島慶子，山本恵子(2019)：足をどかしてくれませんか。―メディアは女たちの声を届けているか，亜紀書房
［32］ 水口剛(2017)：ESG投資―新しい資本主義のかたち，日本経済新聞出版社
［33］ 宮森千嘉子，宮林隆吉(2019)：経営戦略としての異文化適応力―ホフステードの6次元モデル実践的活用法CQ Cultural Intelligence，日本能率協会マネジメントセンター
［34］ 村上芽，渡辺珠子(2019)：SDGs入門，日本経済新聞出版社
［35］ 村木真紀，後藤純一，柳沢正和(2015)：職場の

投資 ESG 入門，日本経済新聞出版社
[13] 飯田貴子，熊安貴美江，来田享子(2018)：よくわかるスポーツとジェンダー，ミネルヴァ書房
[14] 石田仁(2019)：はじめて学ぶ LGBT—基礎からトレンドまで，ナツメ社
[15] 入山章栄(2012)：世界の経営学者はいま何を考えているのか—知られざるビジネスの知のフロンティア，英治出版
[16] 入山章栄(2015)：ビジネススクールでは学べない世界最先端の経営学，日経 BP 社
[17] 入山章栄(2019)：世界標準の経営理論，ダイヤモンド社
[18] M.R. バナージ，A.G. グリーンワルド，北村英哉，小林知博訳(2015)：心の中のブラインド・スポット—善良な人々に潜む非意識のバイアス，北大路書房
[19] エリン・メイヤー，田岡恵，樋口武志訳(2015)：異文化理解力—相手と自分の真意がわかるビジネスパーソン必須の教養，英治出版
[20] 大久保幸夫，皆月みゆき(2017)：働き方改革 個を活かすマネジメント—PRODUCTIVITY & INCLUSION，日本経済新聞出版社
[21] 河合隼雄(2017)：無意識の構造，中央公論新社
[22] ケネス・J・ガーゲン，メアリー・ガーゲン，伊藤守，二宮美樹，小金輝彦，川畑牧絵，竹内要江訳(2018)：現実はいつも対話から生まれる—社会構成主義入門，ディスカヴァー・トゥエンティワン
[23] 沢渡あまね(2019)：業務デザインの発想法—「仕組み」と「仕掛け」で最高のオペレーションを創る，技術評論社
[24] 清水諭(2015)：特集女性スポーツの現在，創文企画

参考文献

[1] 東洋経済新報社 CSR プロジェクトチーム(2017)：東洋経済 CSR データ eBook 2018 ダイバーシティ推進編，Kindle 版，東洋経済新報社
[2] 川口章(2008)：ジェンダー経済格差，勁草書房
[3] エイミー・C・エドモンドソン，野津智子訳(2014)：チームが機能するとはどういうことか，英治出版
[4] Recruit Works Institute(2014)：転勤のゆくえ，機関誌 Works，No.134，リクルートワークス研究所
[5] イリス・ボネット，池村千秋訳(2018)：WORK DESIGN—行動経済学でジェンダー格差を克服する，NTT 出版
[6] ビル・エモット，川上純子訳(2019)：日本の未来は女性が決める，日本経済新聞出版社
[7] キャシー・松井(2019)：ウーマノミクス 5.0：20 年目の検証と提言，月刊資本市場，p.4–19，公益財団法人資本市場研究会
[8] Recruit Works Institute(2014)：女性リーダー育成半歩先行く世界のリアル．機関誌 Works，No.123，リクルートワークス研究所
[9] 東優子，虹色ダイバーシティ，ReBit(2018)：トランスジェンダーと職場環境ハンドブック—誰もが働きやすい職場づくり，日本能率協会マネジメントセンター
[10] Recruit Works Institute(2014)：人事の AI 原則，機関誌 Works，No.156，リクルートワークス研究所
[11] 治部れんげ(2018)：炎上しない企業情報発信—ジェンダーはビジネスの新教養である，日本経済新聞出版社
[12] アムンディジャパン株式会社(2018)：社会を変える

活　動

日本ファシリテーション協会フェロー／IAF（国際ファシリテーターズ協会）グローバル会員／一般社団法人ビジネスエニアグラム協会理事／経営行動科学学会会員／日本キャリアデザイン学会会員／昭和女子大学「キャリアカレッジ」講師（2015 年～）

著者紹介

荒金　雅子
(Masako Arakane)

略　歴

国際ファシリテーターズ協会認定プロフェッショナルファシリテーター(CPF)
Standing in the fire 認定(2015 年)ダイバーシティスペシャリスト
都市計画コンサルタント会社，NPO 法人理事，会社経営等を経て，株式会社クオリアを設立，代表取締役に就任．
長年女性の能力開発，キャリア開発，組織開発などのコンサルティングを実践．1996 年，米国訪問時にダイバーシティのコンセプトと出会い強く影響を受ける．以降一貫して組織のダイバーシティ推進やワークライフバランスの実現に力を注いでいる．
意識や行動変容を促進するプログラムには定評があり，特にアンコンシャス・バイアストレーニングやインクルージョン推進プログラムは高い評価を得ている．
2007 年より世界 80 カ国 1000 人の女性リーダーが集う世界女性サミット（GSW）に毎年出席．2017 年に開催された GSW 日本大会実行委員コアメンバー，2018 年国際ファシリテーターズ協会(IAF)アジア大会実行委員，2019 G20 大阪公式エンゲージメントグループ W20（Women 20）運営委員．
●株式会社クオリア　URL：https://www.qualia.vc/
E-mail：info@qualia.vc

著書・執筆

「多様性を活かすダイバーシティ経営［基礎編］」，「多様性を活かすダイバーシティ経営［実践編］」（日本規格協会）
「ワークライフバランス入門」（ミネルヴァ書房）共著
「なぜあの人は『イキイキ』としているのか」（プレジデント社）共著
「地域リーダー力～女性リーダーの育ち方・育て方」（パド・ウィメンズ・オフィス）共著
「できる人の会議に出る技術」（日本能率協会マネジメントセンター）共著　他多数．

ダイバーシティ＆インクルージョン経営
—これからの経営戦略と働き方

2020年 5 月 29 日　第 1 版第 1 刷発行
2023年 3 月 16 日　　　　第 5 刷発行

著　者　荒金　雅子
発行者　朝日　　弘
発行所　一般財団法人　日本規格協会
〒 108–0073　東京都港区三田 3 丁目 13–12　三田 MT ビル
https://www.jsa.or.jp/
振替　00160–2–195146
製　作　日本規格協会ソリューションズ株式会社
印刷所　株式会社ディグ

ISBN978–4–542–70181–6